台灣遊覽紀念　昭和8年3月23日

7. 4. 30　基隆驛

12. 6. 30　八堵驛

11. 11. 7　汐止驛

松山驛　12. 6. 14

桃園驛　14. 1. 2

7. 4. 7　新竹驛

7. 3. 28　竹南驛

7. 9. 6　三水驛

苗栗驛　11. 12. 7

嘉義　10. 11. 12

8. 10. 12　民雄驛

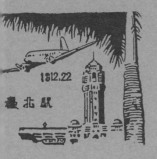

南天影像系列

台灣鐵道印象

下

台灣鐵道印象
CLASSIC TAIWAN RAILWAYS

下

鐵道歷史 ✜ 鐵道車輛

洪致文 ◉ 著
Chih-Wen Hung

台北 南天書局 出版

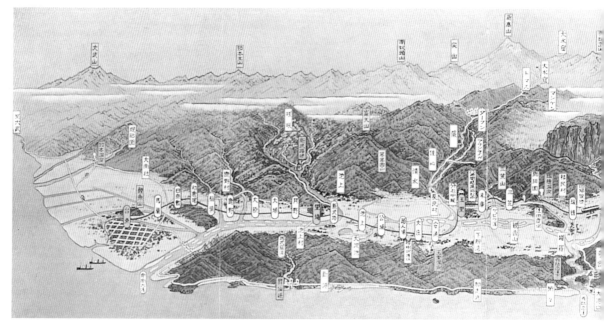

東台灣鐵道沿線案內（東岸），花蓮港鐵道出張所編纂，金子常光繪圖，昭和10年（1935）

【下冊目次】

❖專用鐵道篇❖

台糖鐵道　284
　糖業鐵道來時路　284　　台糖斗南線　287
　台糖斗六線與雲虎線　290　　台糖北港線　292
　北港線追憶　293　　台糖隆田線　295
　台糖港林線　297　　台糖田林線　299
　台糖「蒜頭鐵道」朴子線　301
　台糖布袋線　302　　台糖台中糖廠線　305
　台糖員林線　308　　台糖鹿港線與彰化線　311
　台糖打鐵厝農場的最後冬季　313
台灣索道列車　315
台鹽鐵道　317
　台灣鹽業小史　323
　又甜又鹹的「糖鐵鹽運」　324
　台灣製鹽總廠線（白沙屯）　326

礦業鐵道　327
　金礦鐵道（金瓜石礦區）　329
　新平溪煤礦電氣輕便鐵道　331
　重光煤礦鐵道　339　　瑞三礦業鐵道　343
　基隆煤礦鐵道　347
台鐵高雄臨港環線　350
台鐵台中港線　360
台鐵基隆臨港線　362
台鐵花蓮臨港線　364
台鐵蘇澳港線　366
台鐵台東海岸線　367
台鐵林口線　368
中鋼鐵道　370
台肥鐵道　374
　台肥新竹廠鐵道　376
中油鐵道　379

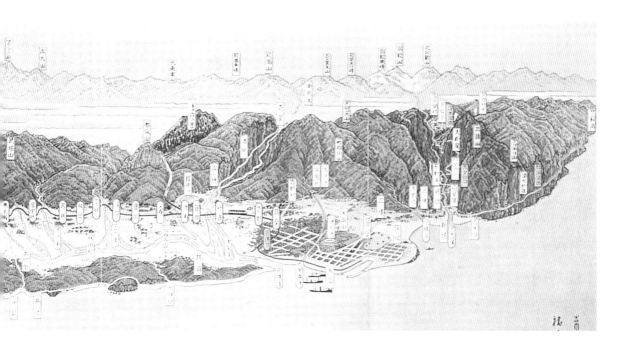

軍用鐵道　383
　通往松山機場的鐵路　386
　軍用鐵道之三張犁支線　387
　陸軍運輸兵學校鐵道　388
台灣木材防腐公司線　390
頭份工業區鐵道　391
台電鐵道　393
　台灣少見的「關結式」火車頭　395
磚廠鐵道　398
唐榮新豐廠線　400
水泥廠鐵道　401
　台泥鐵道　402　亞泥鐵道　408
　信大水泥鐵道　411
　中國力霸公司水泥鐵道　413
　幸福水泥鐵道　414　嘉新水泥鐵道　417

❖鐵道建築篇❖

風華百年台北站　420
萬華站　427

新竹站　429
台中站　432
香山車站　435
三義車站　437
勝興車站　439
保安車站　441
石榴站　443
橋頭站　444
岡山站　446
高雄站　448
關山舊站的歐洲風情　451
外國人眼中的「中華料理屋」──羅東車站　452
三貂嶺車站　453
台灣鐵路最奇特的「駝峰」──七堵駝峰調車場　454
重生後的新北投火車站　456
義竹車站　458
台灣鐵道車站即景　459
　台灣車站面面觀　490

火車站的塔台——號誌樓　496

台灣鐵道的車庫建築　499

台灣的火車隧道　507

台灣的鐵路橋樑　520

參考文獻　535

【上冊目次】

❖ 鐵道歷史篇 ❖

台灣鐵道史話　2

近代史上的台灣鐵道　18

從台灣民報及台灣新民報看日據中期的台灣鐵道問題　20

至誠動天地——宜蘭線史話　27

下淡水溪橋與督造技師記念碑　29

台中線震災復興記念碑　32

台北機廠之父——速水和彥銅像與紀念碑　33

宜蘭線與縱貫鐵道的開通紀念繪葉書　34

❖ 鐵道車輛篇 ❖

台鐵的蒸汽火車　38

台鐵蒸汽機車圖選　43

　會冒煙的客車——蒸汽動車　60

台鐵最後健在的「蒸汽火車」——65噸蒸汽大吊車　61

輕便鐵道蒸汽機車　64

台北鐵道會社新店線的蒸汽車　70

台灣專用線的蒸汽車　72

窄軌台東線的現存蒸汽車　75

台灣的柴油動力火車　78

　台鐵線上的貨車移動機　88

　專用線上的調車機　91

　輕便鐵道的內燃機車　100

台鐵的電力機車　106

台灣的內燃客車　109

台鐵的電聯車與柴聯車　131

台鐵的木造客車　137

　台鐵二軸客車　140

台鐵小型木造客車　142

台鐵中型木造客車　149

台鐵大型木造客車　155

最後的台鐵木造客車　159

台鐵的代用客車與代用行李車　166

台鐵的謎樣客車　169

飛奔中的餐廳——台鐵餐車　171

台灣的郵政火車　177

　最後的火車郵局　180

台鐵的黎明期鋼體客車　181

台鐵的雜牌軍客車——32300系列　192

台鐵的通勤型客車　201

台鐵二十公尺級對號快車　206

台鐵的變身大王——32700系列　212

Bienvenue! 觀光號　217

毋忘在莒! 莒光號　221

妾身不明的復興號　231

台灣的有蓋貨車　235

台灣的無蓋貨車　253

台灣的罐車　265

台鐵斗車　274

台灣的工程用特殊車輛　277

台灣鐵道線路圖, 昭和九年(1934), 右圖

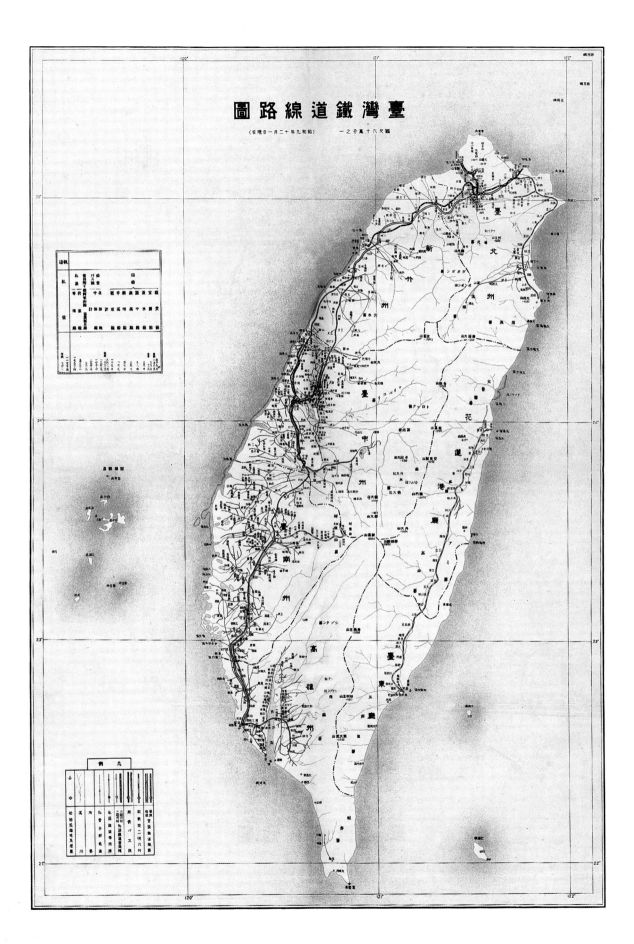

臺灣鐵道線路圖

(昭和九年十二月一日現在)　六十萬分尺之一

序

這幾年，台灣的變化實在是太大了。

我有這樣的感覺，是從民國七十七年淡水線的停駛開始。在那之後，我開始懷疑為什麼一條這麼熟悉的鐵路，就這樣從我的身邊消失？我的好友高橋晴路先生說：「鐵道迷有追逐即將消失東西的癖好。」我想，這樣的說法一點也沒錯；因為，鐵道迷的身邊，一天到晚有他們最喜歡、最瘋迷的事物突然就不見、被毀了。台灣是這樣，日本是這樣，其他的國家也是一樣。但是，先進的國家，會有博物館、民俗村、甚至文化資產指定來保護這些消失事物的少數幸運者；但在我們台灣，是完全的毀滅、完全的終結。曾有台灣史學研究者指出，台灣近代的這一百年，前五十年的異族統治，是做了很多長遠的規劃與建設；但後五十年做的事，就是去拆、去毀那前五十年所做的事物。很不幸的，鐵道就是在被毀的範圍之中。

一九九五年的三月，台鐵把造於一九○四年，已有九十歲高齡的瞭望車以極其土匪的作法將其拆除解體，使我對台灣鐵路管理局完全失望。因為，這是一個完全沒有文化觀念的單位，他過去縱使有一點文化保存的作為，都是迫於外界的因素，不得不表態一下的結果。

在今天，也許只有致力於鐵道研究，替這些無可避免要消失的鐵道事物做一個完整的歷史記錄，是我唯一能做的，而且是最無奈的選擇。

這本書的寫作時程，從第一篇文章的一九九一年開始，到最後一個字的寫完，已是一九九六年的事。它共花了我五年多的時間來撰寫，其間我從大學畢業，也服完了兩年的兵役；記錄的鐵道，有不少是從它忙碌的運轉、停駛、一直到拆除。我突然驚覺到：寫作的速度，居然趕不上它們被毀的速度。如果再不加把

勁，這些鐵道，就將什麼也不存了。

我把書名取做「台灣鐵道印象」，那是因為這本書中收錄的，均是對寶島子民來說，台灣鐵道最美好的印象與回憶。以台灣目前的狀況發展下去，除非有奇蹟，否則書中所述的一切，都有可能消失而成為腦海中的印象。

在我們身處的這個浩瀚宇宙中，人世間你我眼前的事物，沒有永遠存在的道理，它們只是時間長流中的剎那。縱使像如此重視鐵道文化資產的日本，也會因為關東大地震而毀掉許多的預定保存車輛，何況在我們台灣不只有天災還有人禍？

然而，鐵道迷最珍惜的，應是這些火車、鐵道事物與人們接觸的那份情緣。把這些可能不免要消失的台灣鐵道印象整理成書，或許是現階段紀念這段鐵道歲月的少數方法之一。

雖然說，在本書的編排途中，台鐵新一代的Push-Pull自強號已抵台試車，我絕對有足夠的時間將它給放入本書之中。但是幾經思慮之後，我還是決定不把這批未來將會充斥台鐵的火車放進去。因為這批車的加入，配合著通勤電聯車的大量登場，台灣的鐵路勢必有驚人的劃時代改變。這種改變，將會把我們對台鐵的既有印象完全抹去。

在日本，國鐵解體、JR誕生之後，花俏、多變的各型新車不斷登場。國鐵消失十年後的今天，不少日本的鐵道迷開始懷念起那個赤字連連的國鐵歲月、國鐵車輛！

我不否認我是個國鐵JNR的忠實喜好者，所以在一九九六年三月JR大改點，眾多國鐵舊車要引退之際，我毅然前往日本搭乘最後的丹後急行、大垣夜行、鶴見線クモハ12、東北本線50系客車……。同年六月，

我又花了半個月的時間，在日本各地，尋找塗著國鐵色的各型車輛。因為我知道：國鐵色的485系、181系、381系、583系……特急車未來一定消失，它們都是我出生後所看的兒童書中的主角。在它們仍健在的最後一刻前往日本看它們，只為一圓那兒時的夢想。

台灣鐵路的未來，難免也將步上國鐵JR化後的腳步，有很大的改變。因此，我刻意把時間停留在EMU500型通勤電車抵台之後，但推拉式自強號還未登場的這個點上，而無意再去介紹那一批批新車的上路、以及舊車的報廢、解體、消失。我要把台灣鐵道的美好印象，停在終戰五十年後的這個時刻。縱使此時，台灣鐵道不少美好的事物早已毀去，不過相對於往後的改變，一九九六年初時的台灣，還是有很多值得我們未來回憶的。

當我看到外國鐵道迷瘋狂迷戀台鐵的開車鈴、客車列車、硬紙板車票、路牌閉塞機、臂木式號誌機……。我只能告訴您：好好珍惜現有的一切！因為，它們都有可能一夕之間消失。

台鐵新引進的八百多輛新車，有可能使台鐵從此步上坦途，但也有可能自此一蹶不振(車輛同質性高，如遇車瘟，勢必如同EMU100型自強號一樣全部「完蛋」)。我把時間停留在一九九六年初，主要的用意，

攝於1937年7月時的我的家。洪祖恩/攝

也是在替舊時代的台鐵畫下一個完美的句點。新車導入後的催化，截至目前已造成車長17公尺客車的幾近全滅、東線小叮噹DR2000型的待報廢、白鐵仔的東移、普通車的快速消失（置換為通勤電車）……。我不否認新車加入所帶來的莫大好處；但是缺乏文化保存的革命式廢車作為，將使舊時代的台鐵完全成為記憶，以及泛黃相片中的映像。

我感謝舊時代的這些火車、那些鐵道所帶給我們的美好歲月。謹以此書，獻給永遠懷想台灣鐵道美好印象的朋友！

【專用鐵道篇】

在豐富多樣的台灣鐵道中，大家的眼光往往會放在載客的鐵路上。然而，大量出現於本世紀初的產業用鐵道(糖鐵、礦鐵……)，日據後期與戰後蓬勃發展的工業用鐵道，亦都是台灣經濟起飛的功臣。在本書中的這部分，我們選擇性地介紹了幾條代表性的糖鐵，以及台鐵的貨物支線；並把專用鐵路的範疇，推廣到礦鐵、鹽鐵、中鋼鐵道、中油鐵道、台電鐵道、台肥鐵道、軍用鐵道、水泥廠鐵道……，期待經過這樣的介紹，能讓您對台灣的鐵路有更寬廣的認識。

日據時代的糖鐵

步入黃昏歲月的糖鐵五分仔車(大圖)

台 糖 鐵 道

糖業鐵道來時路

　　在台灣的近代史中，糖業是經濟上極重要的產業；而若我們以鐵道史的觀點來看，其最輝煌時期總長曾達3000餘公里，亦是全台灣規模最大的鐵道大戶。

　　日本殖民統治台灣之後，策略性成立的第一座新式糖廠，即是台灣製糖的橋仔頭工場；而糖業鐵道的發軔，亦自此開始。

　　橋仔頭工場成立初期，原料甘蔗的運輸以牛牽台車及二輪牛車為主。明治38年（1905年）山本外三技師到爪畦視察回來後，建議舖設軌距762公厘的鐵道來運甘蔗。於是在橋仔頭附近，舖設了這種規格的路線，並新造載甘蔗的貨車，以水牛來牽引。

　　由於試辦的成績相當好，於是乃決定舖設蒸汽火車可行駛的同軌距鐵道以增加運量。1907年2月，台灣製糖會社獲得總督府的興建許可，同年11月，台灣第一條可行駛蒸汽火車的糖業鐵道終於誕生；而且，它還是台灣762公厘軌距鐵道的始祖呢！

　　通車當時，除了備有四噸甘蔗車一百五十輛外，糖鐵蒸汽火車之祖的三輛「黑頭仔」，更是最重要的主角。

　　這三輛美國Porter廠製造的馬鞍形蒸汽火車，1號與2號是10噸級的二動軸蒸汽車，3號則是13噸級的三軸機關車。台灣糖業鐵道之火車頭歷史，便是由它們揭開序幕。

　　至於客運方面，明治42年（1909年）5月20日，鹽水港製糖會社經營的新營到鹽水8.4公里鐵路，開始辦理載客業務，是台灣糖業鐵道兼辦客運之第一條。直到民國71年北港線停駛，糖鐵客運一共陪伴了寶島子民73年的歲月呢！

早年的糖鐵堪稱輕便鐵道，由這張「收軌條」的相片即可看出。

牛拉的甘蔗車。

甘蔗原料區的採收情形。

九曲堂、阿緱（今屏東）間的鐵道。

滿載的甘蔗車由牛牽引至幹線上交由蒸汽機車拉走。

旗尾製糖所。

旗尾製糖所的手巾寮農場。

恒春製糖所。
新營糖廠。1992.12.洪致文／攝

台灣現代化糖廠的發軔之地——橋頭的高雄糖廠
（原台灣製糖橋仔頭工場）。1993.7.洪致文／攝

曾是台糖南北線終點的高雄籬仔內車站。1993.8.洪致文
／攝

子茂的爆竹紅花田。1991.1.洪致文／攝

烏樹林車站。1992.12.洪致文／攝

汽油車行駛烏樹林線的風光。1992.12.洪致文／攝

糖鐵五分仔車，是許多人童年最甜美的回憶。1992.12.
洪致文／攝

運蔗車駛過舊濁水溪橋。1994.11.洪致文／攝

日據時代，由於各糖廠分屬不同會社管轄，所以鐵道的舖設各自為政，甚至有許多平行區間，極為浪費資材。光復後政府成立台灣糖業公司接收，初期還分成四個分公司來管理，並逐步開始整理那盤根錯結的鐵道。

民國42年初，甚至還完成了最北可達台中，連接西部各大糖廠的「南北平行預備線」，做為一旦發生戰事，可當成台鐵縱貫線預備鐵道之用的幹線。

台糖鐵路對於一般人來說，除了載運甘蔗原料、蔗渣、糖蜜或成品之外，記憶最深刻的莫非兼辦的客運了。日據時代，部分的糖鐵就已有了頭等車的列車等級；光復後，北港線還曾開行過對號快車，絲毫不輸給台鐵呢！

民國42、43年間，是台糖客運業務的高峰，營業線與試辦營業線共有41條，總長670多公里！之後隨著公路逐漸發達，糖鐵只剩下通學生會按時光顧，營業線逐一條條地停辦。直到連學生都改搭客運巴士，台糖認為「服務大眾」的重任可以卸下之後，糖鐵客運便在民國71年由北港線的停駛畫下完美句點。

如今，台糖火車仍在每年製糖季時隆隆奔馳，不過路線一年比一年短，跑的也只是與台糖自身有關的各式貨車。1980年代之後出生的新人類，可說是一群完全沒有糖鐵五分仔車記憶的一群。我們若要讓與製糖有關的產業文化、鐵道文化永遠地傳下去，糖鐵的觀光化恐怕是未來要努力的方向。

台糖斗南線

在糖鐵數千公里的鐵道之中，有一條與台鐵淵源頗深，甚至還把劉銘傳時代的「攝景8號」老火車一直使用到光復之後的鐵路，它就是從斗南通往虎尾的7公里餘「斗南線」。

這條在日據時代由大日本製糖株式會社所經營的糖鐵營業路線，可說是一條著名的大小火車共用三線區間支線。台鐵的火車，只要淨空標準合格，而且噸數不超過其軌道載重的話，均可從縱貫線上的斗南站轉進糖鐵一路駛至虎尾。所以幾年前，曾有日本扶輪社友人擬向台鐵租車，舉辦搭載殘障兒童到虎尾糖廠參觀的公益活動。無奈後來因為要配合的單位太多，再加上多一事不如少一事的公務員心態，造成此計劃流產。事實上，二次大戰時期為了躲避盟軍的轟炸，台鐵有不少的火車據傳曾被送到虎尾去修，因此斗南線與台鐵的火車其實有很深的淵源啊！

斗南線的軌距是762公厘與1067公厘併用的三軌線，因此台鐵的整車貨運可以直駛入內。其早年兼辦的客運業務，於明治43年（1910年）1月31日即開辦。大正5年（1916年）11月17日，在距斗南3.5公里處，增設了大東站，虎尾站則在總里程為7.2公里處；不過，光復後的紀錄，大東站的位置不變，距斗南5.6公里處為工場站，7.6公里則為後來的虎尾站，站址在里程上「位移」了約400公尺。

台糖斗南線連接虎尾糖廠至斗南。1991.1.洪致文／攝

從斗六來的糖鐵火車,會從台鐵斗南站前駛過,再匯入斗南線往虎尾。1994.12.洪致文／攝

台鐵斗南站內的三軌區間。1994.12.洪致文／攝

由糖鐵機車牽引的台鐵貨車。1991.6.洪致文／攝

斗南線有貨車出軌,救險車駛來救援。1989.10.洪致文／攝

斗南線上行駛的運蔗車。1994.12.洪致文／攝

斗南線上的名橋──虎尾溪橋。1994.12.洪致文／攝

虎尾溪橋由各種花樑所組成。

曾在斗南線上跑的11號蒸汽機車。1994.12.洪致文／攝

斗南線全線為三軌制區間，直到虎尾糖廠亦是。1994.12.洪致文／攝

這條鐵路在光復後台糖辦理客運時的區分上，是屬於「雲虎線」。它起於斗六、經斗南至虎尾，總長為19公里。日據時代的營業區分，則屬斗南、北港間的一段。其全長有34.3公里，其中虎尾經土庫、龍岩抵北港的一段於明治44年（1911年）5月28日開始營業，與斗南、虎尾段一樣屬大日本製糖會社經營。

斗南線從斗南出發，向右彎出離開台鐵縱貫線後，會穿過高速公路下的涵洞，然後才走出自己的路。其線路上最重要的一處，即是虎尾溪橋。這座架有多種鋼樑的鐵橋，可說是虎尾糖廠甘蔗原料區的一座重要溝通橋樑。在它的兩岸，分別有許多的糖鐵採收甘蔗支線分歧出，如蛛網般密佈，但都未再跨過虎尾溪。其下游改稱北港溪之後，糖鐵才再有另一座北港溪橋橫越其兩岸。

斗南線鐵路在日據後期，曾由大日本製糖向鐵道部購買了一輛昭和6年（1931年）報廢的清朝劉銘傳時代「攝景8號」馬鞍型蒸汽火車來跑。台北機廠退休的副廠長鄭萬經老前輩，便曾在終戰前後目睹這輛老骨董火車噗噗奔馳的風采。如此看來，這輛由英國製造，於1893年出廠的火車，可以說是台灣鐵道史上，惟一歷經清朝、日據以及民國的一輛火車頭，當年被台糖公司報廢解體，實在是太可惜了呀！雖然說，如今尚存有一輛劉銘傳時代的騰雲號老火車在新公園內供人瞻仰，但它在日據時就被送入博物館，是靜靜地走過這兩個不同的時代；但攝景8號可就不同，它一直是處在能動狀態，是名副其實地「走」過台灣近代史啊！

虎尾地區在太平洋戰爭末期，是台灣一處極重要的軍用飛機場。它雖位處內陸，但在編制上卻屬海軍航空隊。其下轄有第一三二海軍航空隊及南台海軍航空隊虎尾派遣隊，糖鐵（尤其是斗南線）在這座飛機場的興建或者後勤運補上，有否扮演重要的陸上運輸功能就不得而知了。

不過，大戰期間台北鐵道工場受到轟炸破壞，於是部份的修車業務疏散到虎尾來做，使得斗南線彷彿是台鐵的一條重要支線。

事實上，糖鐵一些可跑台鐵火車的支線，例如：

員林到溪湖的員林線、新營到鹽水的布袋線以及這條斗南線，都是開發糖鐵觀光的現成鐵道文化資產。在如今下一代極少坐火車、甚至不了解糖鐵五分仔車為何物的情況下，我們何不好好結合觀光與文化，讓這些鐵道能再復興？

台糖斗六線與雲虎線

台糖的斗六糖廠，是一所不再製糖的糖廠。它的前身，是屬於地方性的斗六製糖株式會社，後來改屬東洋製糖，1927年因一次大戰後的世界經濟不景氣，被大日本製糖所合併，1943年11月又改稱為日糖興業以迄終戰。

如今的斗六糖廠，屬於虎尾總廠所管轄，只要您看到火車車身上寫一個「斗」字，那便是該廠的火車。像是曾經在草屯一家遊樂園中動態行駛的376號台灣鐵工所製蒸汽火車，便是當年隸屬斗六糖廠的「黑頭仔」。

斗六糖廠雖然以斗六為名，但離斗六市區還有一段距離，位置是在台三線的大崙附近，因此斗六糖廠旁的車站，不叫斗六站而稱做大崙站。台糖的斗六站據考證是在往西螺、穿越台鐵縱貫線的地下道旁，目前已成為違建倉庫。

日據時代斗六糖廠最重要的聯外鐵道，就屬「斗六線」了。斗六線聯絡台鐵斗六站與糖廠間的4公里鐵路，在明治45年（1912年）2月18日便已開張營業，直到大正8年（1919年）2月，營業區間才沿伸至崁頭厝，總長12.2公里。

這段鐵路後來僅存大崙至崁頭厝站，稱做「崁頭厝線」，前段早已拆除多年，使得斗六糖廠的對外聯絡，必需改走大崙經斗南到虎尾的「雲虎線」。

雲虎線從字面上來看，即可知是從雲林到虎尾的鐵路。它全長有19公里，從斗六站開出繞到大崙，再拐出來回斗南，接如今的「斗南線」（三軌併用線）直到虎尾，是台糖光復後極沒有效率的一條客運營業線。因為，光是斗六至斗南一段，里程上糖鐵就多跑了3.7公里，再加上速度緩慢，如何與省鐵競爭呢？

如今斗六糖廠已不製糖，所以崁頭厝一帶的甘蔗

從斗六糖廠開出往虎尾的列車，會鑽過台鐵虎尾溪橋下的橋下。1994.12.洪致文／攝

斗六糖廠。1994.12.洪致文／攝

從崁頭厝開回來的巡道車。1994.12.洪致文／攝

斗六糖廠旁的大崙車站。1994.12.洪致文／攝

大崙車站構內風景。1994.12.洪致文／攝

斗六糖廠的機車庫。1994.12.洪致文／攝

雲虎線沿途風光。1994.12.洪致文／攝

原料，都要送到虎尾去。它那高聳的煙囪雖已不再冒出濃濃白煙，但在台灣糖業的發展歷程中，我們是絕不會忘了它的。

台糖北港線

在糖業鐵道的載客運輸史上，北港線的業績最佳，可說是台糖的「黃金路線」，不只台鐵中和線因為它而開過客運列車，更曾有車長查票查到車頂上的驚人紀錄！

北港線從嘉義到北港18.8公里於明治44年（1911年）8月30日開始營業，開通之初嘉義開出後設北社尾、牛斗山、新巷（今新港）、板頭厝……幾個站，大正2年（1913年）2月25日，北港至烏麻園（後改站名為口湖）段亦開始營運載客，從嘉義起算至口湖共計31.7公里，屬大日本製糖會社經營。

昭和9年（1934年）度的總督府交通局鐵道年報中統計指出，當時這段鐵路有13.65噸的三軸蒸汽火車一輛，15.24噸五輛；載客五分仔車的陣容，則有二軸三等38人坐的內燃汽油客車2輛、二軸三等21人坐客車14輛、12人坐及14人坐二等車各1輛、三等客貨混合行李車與轉向架式二等車、二三等合造客車各2輛。

顯而易見，當時這段鐵道上的運輸主力仍以三等客車為主，而最高級的車廂則為二等車。事實上，光復後全台糖最高級的客車車種，也非北港線莫屬，民國50、60年代，還出現過「對號快車」呢！

每當北港朝天宮舉辦祭典時，北港線的蜂湧人潮可說是糖鐵冠軍，查票查到車頂上的驚人紀錄便是由它所創。早年在北港線還有辦理客運之時，為方便旅客購票，糖鐵、台鐵還有售票的聯運制度，並且因為坐車的人太多了，所以不得不限制聯運旅客人數。民國67年3月起，每列車限制在540人以下，72年2月又改為600人，可見其旺季時載客量之大。

台鐵已停駛的中和貨運支線，照規定是不辦理客運的，但是以前每年農曆3月，為了運輸進香客到北港，還是會打破慣例地加開班車送當地居民到嘉義，然後再往北港。

進入北港糖廠前的文化路立體交叉。1991.1.洪致文／攝

由北港要駛往口湖的汽油車。1978.3.2.石川一造／攝

右邊的德馬車所牽引之列車，正是從嘉義要駛往北港的五分仔車。1978.3.2.石川一造／攝

右邊這列火車，就是開往北港的混合列車。
1975.5.石川一造／攝

此相片中，右邊的火車是朴子線，左邊的才是北港線。1975.5.石川一造／攝

北港線的車票。張新裕／藏

汽油車駛抵牛斗山站。1991.1.洪致文／攝

在台糖公司早年辦理客運的路線區分上，北港線除了嘉義到北港一段外，還沿伸到虎尾，全長45.4公里，途中辦理客貨聯運的站有新港、北港及土庫。這段從北港到虎尾的路線，其營業開始時間為明治44年（1911年）5月28日，比一般人熟知的北港線（嘉義至北港段），還要早3個月。

當年台糖辦理客運時，常用德馬牌的橘黃色柴油車頭，牽引一長列塗裝為鮮藍色外綴一白線條的客車來行駛，但其前後往往還加掛上一節篷車，編組方式很奇怪。另外，亦有汽油車加掛一兩節小木造客車從嘉義直開口湖，亦令人印象深刻。

其途中的牛斗山站，一直到今天都是台糖極重要的路線分歧站；快到北港之前所過的北港溪橋，更是鐵道迷爭逐的攝影名點。北港溪橋的橋墩多次加高，節節上升的痕跡清晰可見，在河床上轉彎的架橋方式，更是糖鐵少有。當火車要下橋時，與文化路的立體交叉，鐵路在上公路在下的景觀，更被火車迷趣稱為「北港捷運」。

如今，嘉義側的北港線路基已拆除，因為糖鐵客運在民國71年夏季停駛後即不再辦理，糖廠五分仔車便不需要再「拐」進嘉義市區去「惹人厭」。現在，嘉義台糖站的鐵道已經拆光光，僅留少數遺跡供後人憑弔。其位置，大致是在跨站天橋的下橋處旁。民國80年2月，台鐵運用其基地建了一座新穎的嘉義後站，未來勢必成為嘉義火車站的另一重要出口。

北港線可以說是糖鐵客運的輝煌代表，更是許多人童年回憶的重要一部分。但在沿線環境不斷改變、糖鐵嘉義站、北港站站房……都一一拆除後，記憶中的北港線已一寸一寸地幻滅在現實的環境中。

北港線追憶

台糖鐵道北港線，大概是寶島民眾印象最深刻的一條糖鐵五分仔車載客路線了。然而，就如同當年（民國68年）漢聲雜誌上的一則報導所云：在我們自己台灣的媒體來採訪之前，已有不少的日本雜誌來取材報導。所以時至今日，我們要較「理性」，而非單純的只

有「感性」情懷來看這條鐵路時，卻就真的要從當年日本人所做的報導紀錄來重建此一「鐵道印象」。

民國60年代初期，北港線鐵路屬台糖虎尾總廠所下轄的客運路線。旅客要乘車時，得從台鐵嘉義站走跨站天橋到後站的台糖嘉義站搭車才行。這個嘉義站除了有開行北港線的火車外，還有屬嘉義總廠經蒜頭到朴子的朴子線客運列車在營業。

1970年代初的客運業務依然十分興盛，從最早的6點35分第一班列車到傍晚6點35分的最後一班，一天一共來回嘉義、北港各15趟。行駛車種在早晚的通勤時間，是以長編成的旅客列車來開行，中午有一班客貨兼顧的混合列車；其他時段，則以汽油車為主，共有十往復。而除此之外，最特殊的是還排有三班中途不停站的「糖鐵特急」——對號快車，全程只需33分鐘，十分難得。因為，同樣這條線上，汽油車要花44分鐘，旅客列車要花57分鐘，混合列車加上沿線的裝卸貨物時間，居然要一小時又十三分。可見要慢吞吞的糖鐵開行狂飆的快車，是多麼不簡單的一件事！

1974年5月號的日本鐵道FAN雜誌，有一篇作者為林春一的北港線搭乘紀錄報導。

根據作者的描述，當時台糖嘉義站的島式月台，靠近台鐵站場側的是朴子線，台糖車站側的是北港線，因為分屬嘉義總廠與虎尾總廠，所以售票窗口分成兩邊，連站長也有兩位。

作者挑來搭乘的，當然是以鐵道迷觀點一定會中選的混合列車。當天全列車的組成，是以一輛順風牌的內燃機車來牽引，其後依序掛了篷車兩輛、平車九輛、篷車一輛、客車三輛及篷車一輛。堂堂十六輛的長大編組，壯觀異常。

火車在中午12點50分從嘉義站出發，長長一列狀似蜈蚣的列車隨著順風牌機車吃力地向前加速，一節節的車廂就如同骨牌效應般地動了起來。

隨著順風牌車頭轟隆隆地車速漸增，火車向左彎出，與台鐵的縱貫線就此分別。一路上鳴笛聲不斷，因為有不少農家小孩在鐵道上玩耍，火車要通過，只好鳴笛趕人。

牛斗山站風光。1992.3.洪致文／攝
牛斗山站內風景。1991.1.洪致文／攝

火車行駛了2.5公里後，來到了北社尾站；接著不多時，它便拋開了城市的懷抱，行駛在豐饒的嘉南平原田園之間。過了溪底寮，糖鐵特有的蔗園風光就上場了，濃得彷彿要讓人昏醉的蔗香迎面撲來，「寶島台灣」之稱果然是名不虛傳。

在鑽過了一棵堪稱「地標」的大樹之後，牛斗山站就到了。牛斗山站是北港線上的交會大站，雖然四周的住家不多，但因是糖鐵線路上的輻輳之地，所以有蒸汽火車加水的水槽，以及相當長的交會、待避側線。

牛斗山站的站房到一九九○年代中期的今天依然存在，但早已不營業，只在火車有開行時，辦理相關的閉塞程序，以調度行經的糖鐵小火車。牛斗山站或許至今仍有不少人對它有些許的印象，因為它就是電影「原鄉人」裏出現的那個小火車站。它那小巧可愛的月台，更是五分仔車給人最甜美溫馨的回憶。

在等待了另一班前來交會的列車到站後，這班混合列車又再度踏上它「漫長」的旅程。

北港站內風景。1978.3.石川一造／攝

北港糖廠。1991.1.洪致文／攝

一駛出車站，於分歧點處的轉轍器便向左彎去。在此點上，糖鐵立有一「路標」，告訴「菜鳥」往北港要向左開去。反正糖鐵的列車密度還不算高，如果走錯路了，倒車再重走恐怕也不會有太嚴重的後果。

接著的這段鐵道，火車快速地狂飆了起來，路線標準之高，大概是為了對號快車的行駛而特別要求的吧？

在過了一處糖鐵的平面交叉之後，北港線除了嘉義、北港兩站外，另一也與台鐵有辦理客貨聯運的新港站就到了。

新港站與北社尾、牛斗山、板頭厝……等站一樣，都是明治44年（1911年）8月30日北港線開始營業之際就有的老車站，其車站、鐵道歷史，要比民國還老一歲呢！

新港站是個典型的中間站風貌，側線停留的貨車，在製糖期往往被牽來拖去地頻繁調車，非常忙碌的景像。接著通過了板頭厝站、灣仔內無人招呼站，火車便開始一路爬坡。不多時，寬廣的視野出現在眼前，火車要過北港溪橋了。

如果說，古舊的高屏花樑鐵橋是屏東人歸鄉的記憶圖騰，那麼北港溪橋又何嘗不是北港人「回家」的象徵？火車爬上北港溪橋，在橋面上轉了一個彎，下橋不久，廣大的北港糖廠站場就到了。這段鐵路總計全長18.8公里，完成年代比縱貫鐵路還要早，但所受到的重視卻寥寥無幾，令人感到惋惜。

也許，公路的發達是它沒落的原因，但人們對它的冷漠，豈不令人萬分唏噓？

台糖隆田線

台鐵的隆田站舊名番子田，於明治35年（1902年）4月20日開張，為縱貫鐵路的中途一站。到了1909年的年中（一說5月22日，一說6月1日），由明治製糖所興建，從番子田經寮子廓、麻豆抵佳里的16.1公里「番子田線」開始客運業務；大正4年（1915年）2月9日（一說11日），從佳里延伸到二重港的12.2公里「二重港線」開辦營業，兩條同屬明治製糖所轄的鐵道於是連成一

麻豆糖廠的車庫。1995.1.石川浩稔／攝

停於麻豆站內的539號汽油車。
1979.12.石川知明／攝

台糖隆田站。1992.7.洪致文／攝

隆田線寮子廊車站。1992.7.洪致文／攝

氣,並且有直通列車全程行駛這條28.3公里的路線。光復後隨著番子田的改稱隆田,這條鐵路也就改名為「隆田線」。

台糖隆田站位於一出台鐵隆田站的左前方,兩種軌距不同的大小火車,隔著鐵路倉庫分佔兩邊。台糖隆田站的客運車房在營業停辦後依然健在,而且被改成雜貨店的一邊還修得看不出斑駁的痕跡。只是站房上方原有的台糖徽章已被拔除,殘破的剪票口、月台,卻又難掩其落魄之像。

當年糖鐵五分仔車從隆田開出後,4.2公里處的寮子廊站,是這條鐵路開通時就有的站,如今月台尚存,只是埋藏荒草中。6.3公里處的總爺站,日據時代又叫做「本社前驛」,因為明治製糖的本社正是設置於此,光復後所稱的麻豆糖廠,亦就是日據時代的總爺糖廠。

鐵路由此一路西行,不多時又會抵達另一糖廠——佳里。過去,不管是日據或光復後,這兩座糖廠就像是雙生子一般,有著異常親密的關係,也因此有一時期,還合稱「麻佳總廠」呢!

佳里鎮內糖鐵的分佈曾十分驚人,位於城隍廟過北門橋旁的三角線上,東西南北都有鐵路分歧出去。

東來的鐵道就是我們一路駛來的隆田線,往北其中一段與早年二重港線共軌及往南過曾文溪西港大橋的是台糖的戰備鐵道南北線;至於往西走的七股農場線,則還可與台鹽的七股鹽場相接,來個「糖鐵鹽運」。

日據時代1934年的鐵道統計,這條線上有三軸的蒸汽火車4輛,牽引著一些二軸的一等客車與三等客車在行駛。此外,還有38人坐2輛,40人坐1輛的二軸三等汽油客車非常機動地往來於這條線上。

如果您翻開地圖來看看,很容易就會發現整條隆田線,都一直是在曾文溪以北行駛,不曾過河往南走;但是,就在台糖南北線竣工後,西港大橋(鐵公路併用)使得佳里的火車,可以一路南下到永康,甚至繼續南行,因此整個運輸概念完全轉變,隆田線也就日趨沒落了。這樣的情景,豈不是絕大部分糖鐵所無法擺脫的宿命?

台糖港林線

在糖廠鐵路與台鐵車站的邂逅當中,糖鐵五分仔車大大方方地從台鐵火車站門前通過的景況著實不多,較有名的除了斗六到虎尾的雲虎線通過斗南外,就是小港到林園的港林線通過鳳山站了。

港林線是台糖小火車客運全盛時期,曾辦理過客運的一條線路,起自小港,經鳳山、大寮至林園,全長27.6公里。

這段鐵道在日據初期,並不是全部屬於同一所製糖會社經營的,因此後來合併時,連結點上的鳳山站線路有略做過修改。

從小港糖廠至鳳山屬台灣製糖經營的7.8公里營業路線,早期又稱做「鳳山線」,明治42年(1909年)10月5日即開始營業。1934年的紀錄,只有9噸二軸蒸汽火車一輛,與14人坐的二軸三等客車三輛、附轉向架的28人坐三等客車一輛,草草地開辦著鄉野城鎮間的客運業務。

至於後來港林線較長一段的前身,原屬新興製糖,1944年4月才與台灣製糖合併的部分,則是曾被稱做「林園線」,由鳳山經大寮抵林子邊(今林園)的18.5

公里鐵道。

　　這段路線的開通年代亦極早，明治42年（1909年）6月5日也就開始營業了。同樣1934年時的紀錄，客車等級上就要比鳳山線高級一點。它除了有二輛8.3噸的二動軸蒸汽車來牽引陣容包括二輛10人坐的二軸一等客車及四輛12人坐的二軸三等客車外，還有一輛可坐36人的二軸三等汽油客車，對於客運業務的經營較不馬虎。畢竟，這是當時新興製糖唯一的一條客運路線啊！

　　光復後，台糖於民國41年將原分屬各糖廠的鐵道連接成「南北平行預備線」，港林線由鳳山至小港的一段，即是其南端的幹線。而且，南北線的列車由橋頭、仁武、夢裡駛來，由北向南，從台鐵屏東線高雄、屏東段東西走向的鐵道上高架橫越，再下坡至台糖鳳山站內，亦是非常特殊之處。

　　台糖鳳山站目前已經拆除，早年還存在時，小港來的火車會大大方方地駛過台鐵鳳山站的正門之前，一付「地上我最大」的模樣，硬是讓所有進出車站的人潮望著長長的列車乾瞪眼。

　　民國80年代初的台糖鳳山站，為正方形的水泥結構站房，站外還有立在路邊的水泥方塊形狀轉轍器標誌。短短的月台，是流浪漢暫住的家，站名牌一邊指著上行的夢裡，一邊指著下行的大寮。在客運結束後台糖的運輸觀念裏，到了大寮向北分歧出，經義和過高屏大橋到屏東的路線才是「幹線」，於1909年就已開始營業的林園線，反而屈居支線地位。

　　不過，爭論「正統排名」一切已是枉然，因為自從民國79年6月底高屏大橋被沖斷，後來南北線駛抵鳳山的跨線橋又拆除之後，整條當年的港林線已無路可向外溝通，許多路段不是早被拆除就是已被侵佔。或許，您周遭正有人在享受著台灣第一大地主──「台糖」的德政，利用它的鐵道用地種菜、車站站房當倉庫呢！這樣的景況，豈會是本世紀初，鳳山線或林園線開始載客營業時，人們所料想得到的？

港林線通過台鐵鳳山站前。1991.12.洪致文／攝

台糖鳳山站。1991.2.洪致文／攝

港林線跨過台鐵的跨線橋。1992.12.洪致文／攝

台糖田林線

台糖的鐵道，尤其是載客營業線，當客運結束後，如不是運蔗或載貨的必經路線，就有可能慘遭拆除——甚至，有可能被拆得柔腸寸斷。

目前，隸屬於溪湖糖廠，位在濁水溪以北的原「田林線」，便是這樣的一條客運支線。

田林線起自田中站，迄於二林站，全長有29.3公里，田中到溪州的前段，於明治43年（1910年）9月14日開始客運業務，溪州到二林的後段，則在大正元年（1912年）12月6日才開張。

這條在光復後被台糖稱作「試辦營業線」的鐵道，在日據時代的糖鐵客運中其實是很風光的，而且開通的時間，亦是屬於「元老級」的一條。早期，它屬於台灣本地人資金介入的「林本源製糖」所管轄，後經易手才成為鹽水港製糖所轄下的鐵道。

在這條線的途中，距田中14公里的大站「溪州」，可說是其地理位置、火車運轉上的中點。光復後，台糖曾一度將總公司設在溪州，亦將1957年至1958年購入的50輛內燃機車，稱之為「溪州牌」。所以如今溪州糖廠附近雖早已拆除改建國宅，但其「精神」，勢必將與台灣的糖業「同在」。

根據1934年度的鐵道統計，這條線上跑的火車「極端詭異」。它旗下有一種蒸汽火車，是二軸外加一輛煤水車的形態，在光復後民國41年的台糖統計當中，類似的火車只有四輛而已呢！

至於客車的陣容，一輛可坐50人的三等附轉向架汽油客車，正是當時全糖鐵營業線當中，馬力最大、載客量最多的冠軍。而其他被火車頭拖著走的客車，除了少不了的一堆三等車外，它破天荒地還有二輛14人坐的二軸一等車，以及一輛10人坐的二軸「特別車」，反倒是二等車完全不見蹤跡！

目前，田中至溪州段只餘溪州附近原屬南北線的一小段留存著；由溪州往西走，大約3公里也就到達路

運蔗車從二林農場開出。1994.11.洪致文／攝

香田站附近路上厝線的分歧處。1994.11.洪致文／攝

田林線風光。1994.11.洪致文／攝

大城線分歧處的外竹站。1994.11.洪致文／攝

二林農場的甘蔗裝卸情形。1994.11.洪致文／攝

大城線風光。1994.11.洪致文／攝

線終點。過去所經的竹塘、鹿寮⋯⋯等處的鐵道都已拆除，一直到距二林端約4.3公里處的外竹站附近，田林線才又「健在」。

因為從外竹站分歧出有稱「大城線」的甘蔗原料線，再前行的香田站亦分歧出一條「路上厝線」，所以基於甘蔗運輸的因素，田林線的最後三站：二林、香田、外竹的路線得以保留，而能幸運地成為這段誕生於民國前的鐵道的「活見證」。

目前，殘存的田林線鐵路全歸溪湖糖廠管轄，因為往南聯絡的西螺大橋糖鐵部分已拆除，所以其火車被封閉成一鐵道王國，其他廠的火車是無法直接駛入。因此，現存軌距均為762公厘的「寸斷」田林線，看得到的就只有1960年代末期購入的日立製內燃機車在奔馳；而且，非製糖季您還很難看到它的蹤影呢！

台糖「蒜頭鐵道」朴子線

雖然說，早年外地人到嘉義站後面的「台糖嘉義站」搭糖鐵五分仔小火車時，坐的多是「進香鐵道」（到新港天后宮或北港朝天宮）的北港線，但從這兒開出的火車，卻還有一條營運不差，一直撐到糖鐵客運末期還存在的「朴子線」。

朴子線在日據時代屬明治製糖株式會社所管轄，又稱做「蒜頭鐵道」（因途經蒜頭糖廠），自嘉義至終點港墘共計24.8公里。明治42年（1909年）9月25日，嘉義至蒜頭首先開始載客營業，同年12月20日客運沿伸至朴子，1911年3月2日再從朴子推進至港墘，整條朴子線的客運形態，在此民國前1年可說大致底定。

朴子線由嘉義站開出，沿著台鐵縱貫線的南下方向行駛，然後再向西彎出，與當時屬大日本製糖（先前為東洋製糖）的北港線可謂是背道而馳（北港線沿台鐵北上方向開出才向西轉去）。

然而，在第一站大溪厝附近，朴子線卻分歧出一條運蔗專用線，向北駛去不只碰上北港線，繼而又向右彎出鑽過台鐵縱貫線，然後繞一大圈跳過阿里山林鐵的北門站，直接在今興華中學旁與森林鐵道接軌。

這處著名的糖鐵林鐵相接處，就如同布袋糖鐵接

朴子線火車在嘉義站的月台停靠著的情形。
1975.5.石川一造／攝

朴子線沿途。1992.7.洪致文／攝

汽油車駛至蒜頭站。石川一造／攝

鹽鐵一樣耐人尋味。也就因為有著這段「親蜜」的接軌，阿里山的直立汽缸國寶火車，才會在製糖期「客串演出」，把林鐵沿線採收後的甘蔗送上蔗車運至此接軌處給糖廠，然後再轉經朴子線到糖廠去。

這樣的路線分佈極為有趣，因為台鐵嘉義站的前站有林鐵、後站有糖鐵駛入，但這兩條專業鐵道絲毫不靠台鐵線路來穿針引線，它們用自己的方式將這兩種軌距同為762公厘的鐵道相接起來，並且使運蔗車不必裝卸即可整列車換個車頭就運走，節省了不少運送成本，只可惜當年糖鐵林鐵沒來個大連線，否則從朴子搭客運五分仔小火車經此聯絡線直上阿里山，豈不是小火車觀光化的最大噱頭？

當然，朴子線路途中的傳奇當不只此，車到蒜頭銜接南靖駛來的南靖線後，進入朴子站前，會先「借過」東石高中的校園。這段火車行駛在該校大操場與綜合大樓間的「校園鐵道」奇景，是朴子線依然不被年輕一輩所淡忘的原因。而這條在校園內還設有平交道標誌的鐵道，也就成為該校最富特色、而且與眾不同的校園一景。

在日據時代1934年的鐵道統計記錄當中，此線最特殊的客車是三輛二軸18人坐的一等車，以及二輛可坐19人，但又可載郵政、行李的「三等郵便荷物車」。其運輸的主力仍以三等車為主，並有三輛38人坐的二軸三等汽油車在其線上行駛。列車等級制度的區分當中，反倒不見二等車。

近年，朴子線只剩下蒜頭以西至港堵的鐵道尚存，若非製糖季，還很難看到小火車的蹤影。或許，那條風光的朴子線，如今只能存在記憶之中了罷！

台糖布袋線

在糖鐵的客運營業線當中，布袋線算是十分幸運，停駛多年後依然全線健在的一條鐵道。或許，那是因為沿線有一岸內糖廠，終點布袋又銜接有台鹽鐵道，使得這條路線一直都有各種貨運列車在運行。然而，在1995年鹽鐵停駛拆除之後，布袋到岸內的布袋線，也難逃被撤除的命運。

布袋線在日據時代是屬鹽水港製糖株式會社所管轄，明治42年（1909年）5月20日新營至鹽水段首先開辦客運業務，直到大正2年（1913年）3月8日才將客運列車的營業延長到布袋。

布袋線從新營到鹽水、岸內，是屬於軌距762及1067公厘併用的三線區間。因此台鐵的火車，只要符合路線標準的規定，便能由台鐵新營站長驅直入。以近年來鹽水蜂炮所造成的萬人空巷人潮來看，如要解決台糖已無足夠客車運用的窘況，似可把台鐵原東線俗稱「小叮噹」的柴油客車及拖車調來運用，必能再造糖鐵火車當年的轟動。況且，布袋線前段與台鐵路線相通，直通聯運絕對方便，差就只差這兩個鐵路經營單位與地方政府，有沒有合作、實現這個夢想的意願了。

當年，布袋線的火車由新營站開出後，會從糖廠的車庫邊繞過其廣大的站場，走了約900公尺後，才抵「廠前站」（日據時稱「工場前」）。接著3.2公里處的東太子宮站，則是當年鹽鐵散裝鹽運轉送台鐵貨車的地方；因此，是這條線上，除了布袋、岸內、鹽水之外，與台鐵一樣有客貨聯運的另一個車站。

岸內糖廠可算是布袋線的一個中點大站，它雖不屬於台糖戰備鐵道「南北平行預備線」所行經的重要大糖廠，但它曾保存有許多糖鐵非常珍貴的瑰寶，因此一直為鐵道迷所重視。

例如：報廢在草叢之間本江機械所生產的296號蒸汽火車，為台灣相當少見的形式；幾節木造的二軸糖鐵客車，更是台糖存世的少數客車當中，最少見的一種，只可惜它們全已消失而不見。至於有「岸內之寶」之稱的一輛562號汽油車，更是全台糖所有火車當中，僅存的二輛能動載客用汽油車之一。如果，台糖將它好好整修，與另一輛保存狀況極佳，現停放在新營糖廠內的勝利號一起聯掛運用，不定期行駛在特定的路線（或配合全國文藝季、地方民俗盛會……等文化活動），必可提昇台糖的企業形象。

雖然說，現在的布袋線，保存中的汽油客車是其鐵道上的一大特色。但是，1934年時的鐵道統計，它卻是糖鐵客運營業線當中，少數沒有汽油車存在的一

布袋線的起點──新營。1992.12.洪致文／攝

新營糖廠。1992.8.洪致文／攝

新營廠內的三線道岔。1991.1.洪致文／攝

豐收的時節，新營糖廠一景。1992.12.洪致文／攝

駛回新營廠的火車。1991.1.洪致文／攝

岸內糖廠一景。1992.12.洪致文／攝

岸內的562號汽油車。1992.12.洪致文／攝

廢棄在岸內廠的二軸木造客車。1992.12.洪致文／攝

現役時的布袋線客車。石川一造／攝

現已消失的296號蒸汽車。1992.12.洪致文／攝

布袋線上的義竹車站。1994.7.洪致文／攝

行駛到布袋站來的巡道車。1995.6.洪致文／攝

布袋站風光。1994.7.洪致文／攝

條路線。僅有的載客火車，只有便乘車、三等車與一等車；而最特殊的，則是一輛當時號稱「全糖鐵最大型的一等客車」。它的車輛行走裝置有轉向架，全車可坐22人，還是當時該線上載客量最多的一種火車呢！

如今，布袋線客運早已停辦，甚至後段已被拆除。但是如果布袋線鐵路能與鹽水蜂炮的民俗觀光活動相結合，季節性地恢復客運行駛，相信必是這小鐵枝路重生的一個新契機。

台糖台中糖廠線

在台灣的製糖歷史當中，帝國製糖所屬的糖廠消失的似乎都很早，新竹糖廠、竹南糖廠、台中糖廠都早已走入歷史，前兩者更已是幾無遺跡可尋。台中糖廠雖已廢除多年，但尚有幾許殘跡存在，與台鐵的連絡專用支線亦有火車在行駛，令人驚訝！

台中糖廠內的倉庫與三線區間鐵道。1995.1.洪致文／攝

台中糖廠在日據時代原本是屬於帝國製糖（株）所管轄，下有台中至南投的「中南線」營業客運線存在。大正5年（1916年）4月11日台中至六股14.1公里率先通車，大正7年（1918年）6月29日才台中、南投全線通車，共長30.0公里。台中糖廠當年全名是帝國製糖台中工場，1935年前後的原料專用線達80.5km，1941年帝國製糖為大日本製糖合併，1943年11月大日本製糖又改稱日糖興業（株）以迄終戰。光復後，台中總廠下轄潭子工場、烏日工場，路線上除了中南線外，亦是民國42年（1953年）春南北平行預備線完成時的北端起點，直到民國48年八七水災後，台中糖廠才失去

台鐵蓬車可以直入廠區。1995.1.洪致文／攝

這糖鐵南北線「第一站」的封號。

台中糖廠辦公室。1995.1.洪致文／攝

台中糖廠內不時可見三軌區間的鐵道。1995.1.
洪致文／攝

廢棄在台中糖廠內的86號內燃機車。1995.1.洪致文
／攝

糖廠內被燒毀的建築。1995.1.洪致文／攝

台中糖廠大門。1995.1.洪致文／攝

台中糖廠內之建築。1995.1.洪致文／攝

台中糖廠的大煙囪基座。1995.1.洪致文／攝

與台鐵台中站相接的「台中糖廠線」。1995.1.
洪致文／攝

不過雖然如此，台中糖廠的鐵路，即使到整個工廠都已不在的情況下，卻意外還有火車在跑，而且裏面還有許多意想不到的「寶」。如果您要進入台中糖廠廢廠區，可以從台糖側線的門、樂業國小後面的大門，或土地開發處辦公室的正門進去。

在台中糖廠現存的辦公室後方，有一幢火燒留下的房子，據稱是「車庫的辦公室」（外行人言），所以猜測應是各糖廠運輸部門的「調配室」。在其旁邊，有一輛廢棄DL，那即是1956年12月，由農業工程處屏東工作站自行拼造的二軸內燃機車。台中糖廠的這一輛編號為86號，塗裝黃色，應是台糖現存的唯一同型車，可稱做「台中糖廠之寶」。據日本鐵道迷石川浩稔觀察：這輛車的設計比例極差，是「外行人」的作品，亦可算是「試作機」。在現役中的倉庫線與DL之間，有一磚

造圓形大基座，那即是昔日糖廠第一工廠大煙囪的基台；除此之外，第一工廠幾無遺跡可尋。

台糖台中糖廠與台鐵台中車站直到1995年，都還有一段0.8公里的台中糖廠線有火車在行駛。因為，台糖在台中糖廠內的倉庫仍在使用，所以台鐵的篷車仍會進入廠區之內。不過因為台中糖廠廠區已確定要商業開發，此線恐怕來日不長了。

台 糖 員 林 線

台糖的輕便鐵道，往往給人一種小火車的印象；但在台糖所有上千公里的鐵道中，卻有一部分因為必需與台鐵聯運，所以鐵軌鋪設成三軌形態。它的最外側兩軌，可以通行台鐵軌距1067公厘的「大」火車，

日據時代的台中糖廠火車（1934年頃）

【中南線營業部分】

| 機車 | C-Tank SL | 總重13.2噸 | 2輛 |
| | B-Tank SL | 總重11.2噸 | 1輛 |

客車	二軸三等汽油客車	（汽油、酒精併用）定員38人　5輛
	二軸特別車	定員14人　1輛
	二軸二等車	定員16人　3輛
	二軸三等車	定員20人　17輛
	二軸三等附隨車	定員20人　1輛（汽油客車拖車）
	二軸三等車附郵便室	定員18人　1輛（郵便室容積1.05m³）
	二軸便乘車	定員18人　15輛

貨車		重量（噸）	容積（m³）	輛數
	有蓋緩急車（守車）	4	10.22	3
	有蓋郵政緩急車	3.16(郵政部分0.16)	8.42(郵政1.02)	3
全	有蓋車	4	12.7	10
係	有蓋車	5	?	5
二	有蓋車	5	3.4	6
軸	長物車（做車）	5		2
車	芭蕉車	5	13.06	32
	水槽車	3.5	3.57	3
	社用石炭車	5	5.27	4

另外較小的762公厘軌距則可跑糖鐵自身所有的「小」火車。這樣的三軌鐵道，在西部很多的台鐵車站與糖廠間都可見到，像斗南到虎尾，及新營、橋頭、大林……等糖廠附近都有。而從員林到溪湖糖廠的「員林線」鐵路，全長9.3公里，更是具有支線鐵路的架式。

員林線鐵路在日據時代是屬於明治製糖所轄下的鐵道，與另一條的鹿港線是當時溪湖糖廠僅有的辦理客運路線，於1919年3月開始營業。

根據鐵道迷楊肇庭的長期觀察，員林線鐵路並不似台糖大多數的專用線有非製糖期的「夏眠現象」。因為從員林到溪湖間與台鐵的貨物聯運常有生意上門，所以一般的日子，便會有糖鐵的火車牽著台鐵的貨車（篷車居多）駛往員林，在把空車摘掛，又接上剛送到員林要開往溪湖的貨車後，又隆隆地駛回溪湖。原

本，台糖在溪湖廠備有與台鐵同軌距的「大」火車頭可來拉台鐵的貨車，但在這輛車「掛」了之時，糖鐵即可發揮它三軌區間的功能，以窄軌的台糖小火車頭，先牽引一節有兩種連結器的「轉換車」（或稱「連結車」），再與台鐵貨車相連，很「怪異」地「小車拉大車」緩緩駛於這條鐵路上。

目前，這條鐵路因中途沒有會車地點，所以南員林至溪湖間只設一個閉塞區間，分別設在二個端點站內。這二幢車站均為木造站房，南員林站就在平交道邊，而溪湖站面積頗大，極有大站之氣勢。它除了靠近站房邊有一個附遮雨棚的月台外，另外還有二座高度不高，大約只有一塊磚頭立起來般高的「第二月台」及「第三月台」呢！

這段鐵路的風光，在客運停駛後一般民眾即無緣

台糖員林線後來跑的全是與台鐵聯運的車輛。1995.1.洪致文／攝

南員林站。1995.1.洪致文／攝

員林線的三軌道岔。1995.1.洪致文／攝

員林線沿途風光。1995.1.洪致文／攝

員林線列車駛入溪湖站。
1995.1.洪致文／攝

駛進溪湖站的糖蜜列車。
1995.1.洪致文／攝

溪湖站風景。1994.11.洪致文／攝

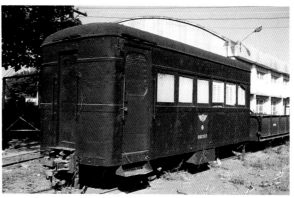

溪湖廠內的小轉車台。1993.3.洪致文／攝

剛出溪湖站的鹿港線風光。1994.11.洪致文／攝

接觸。如果說，台糖能在特定的時段（例如：暑假期間），開行特別列車載著大人、小孩從員林到溪湖，除了參觀糖廠之外，再品嚐台糖特製的冰品，那該是多棒的「溪湖糖廠半日遊」啊！在台鐵的客運支線已拆得剩三條之際，我們似乎該多開發一些新的支線旅遊路線給大眾，尤其在台灣近代化過程中佔有極重要地位的製糖產業，更是我們結合文化與旅遊的最佳選擇啊！

台糖鹿港線與彰化線

擁有三百年歷史的鹿港古鎮，是懷舊人士最喜造訪的文化小城；然而，昔稱「一府、二鹿、三艋舺」中的台南、萬華火車站幾乎人盡皆知，惟獨「鹿港火車站」在大多數人腦中，是個根本未曾聽過的名詞！

鹿港火車站的確是個眞眞實實存在的火車站，而且它還辦理過客運，搭載了無數學子度過數千晨昏，但如今卻幾乎成爲一片廢墟，

在早年，由彰化與由溪湖駛往的鐵道分屬不同的製糖會社經營，所以鹿港車站也分成兩個不同的系統。從彰化到鹿港的11.3公里，是由新高製糖株式會社所經營，其鹿港站便稱做「新高鹿港驛」。後來，新高製糖被大日本製糖併購，這段鐵路也就改爲大日本製糖掌管。這條線於明治44年(1911年)8月26日開始營業，算是完成相當早的糖鐵重要幹線。從彰化站開出後，經西門口、平和厝、莿桐腳、下莿桐腳、馬鳴山、三塊厝、崎溝子、前厝抵新高鹿港，除起迄站與莿桐腳、

馬鳴山、崎溝子站是營業當初便有的站外，其餘的站都是在昭和9年 (1934年) 8月1日才開張。其中的新高鹿港站，便是如今現存的鹿港站。

另外一條從溪湖開來的鹿港線鐵路，則屬明治製糖所經營，於大正8年 (1919年) 3月1日開始營業，全長有10.2公里。溪湖站開出後，經頂寮、埔鹽、外中、番社抵鹿港，若連接員林至溪湖的員林線，便可一路由員林站駛往鹿港。

從彰化往鹿港的鐵路，在光復後很早便停駛了，員林到鹿港段的客運則「撐」了較久，一直到民國64年7月才功成身退。

如今，鹿港車站的木造站房依然健在，只是蒙塵的外表以及鐵道上長滿的雜草，說明了它久未有火車光顧的殘酷現實。它後來的功能，只是製糖期運蔗列車火車頭的「換頭」調車場所，早已不具任何客貨運功能。民國83年初的行駛，只集中在1月下旬的短短1週間，蕭條的景象說明了它正一步步地步向停駛的命運。

鹿港火車站的位置是在鹿港鎮中山路頭，四週的公寓早已像城牆一般把它圍在中間，連客運車寫著火車站的站牌也隱沒在樹叢間，外地人是很難會發現它的存在。它的車站月台邊種有一株大樹，樹下的陰涼

鹿港站站房。1994.11.洪致文／攝

鹿港站構內風景。1994.11.洪致文／攝

地帶竟有防空洞的設置，非常有意思。

鹿港雖是台灣有數的古都，但這老鎮的交通發達史卻少有人關注。就像有不少人即使到今天，根本不知道日據時代日本陸軍航空隊在鹿港還設有一座飛機場。在鹿港不再是「港」了之後，代之而起的鐵道、航空等陸空交通，不是鹿港三百年來最富傳奇性的交通發展過程？在鹿港飛機場的塔台拆除了之後，鹿港機場已是變成一片魚塭的歷史名詞，鹿港火車站是否也將如此呢？

鹿港站內川中鐵工所製作的轉轍器。1994.11.洪致文／攝

殘存的後段彰化線風光。1994.11.洪致文／攝

台糖打鐵厝農場的最後冬季

打從日據時代開始，糖業在台灣的經濟上，就一直佔有舉足輕重的地位。然而，隨著時代的推移，工商業逐漸發達，工資越來越貴，糖業不得不成為步向黃昏的夕陽工業。

從光復後迄今，結束營業的糖廠及停止生產的甘蔗原料區不在少數；為了配合政府的政策，更有不少的糖廠還搖身一變成為國宅。像是彰化糖廠、溪州糖廠的原址都已成為屋宇林立的住宅區。所以，李總統提出「六萬元一坪」的平價住宅計劃，全台第一大地主的台糖立刻成為取得土地的目標；而最後決定的地點，即是隸屬溪湖糖廠的「打鐵厝農場」。

由於打鐵厝農場近68.2公頃的部分土地極有可能被剷平、整地來興建這六萬元一坪的住宅，所以1995年的製糖季已是它農場身份的最後冬季，也是相關糖鐵路線，諸如：彰化線、鹿港車站、末段鹿港線的最後一次行駛。

打鐵厝農場的位置，距離彰化市區約7公里、鹿港市區約4公里，在糖鐵路線上的位置是屬於鹿港、彰化間彰化線的中途一站。

彰化線鐵路在日據時代原屬新高製糖株式會社管轄，新高彰化至新高鹿港站共有11.3公里，於明治44年（1911年）8月26日便開始營業。後來，新高製糖被大日本製糖併購，這段鐵路也就改為大日本製糖掌管。

1934年時的記錄，這段營業線上跑的火車，有8.8噸、10.9噸及13噸的蒸汽火車各1輛，二軸三等內燃客車座位27位的2輛、24位的1輛，以及一等車、一三等合造車、三等車、便乘車……等各式客車行駛於其上。

在彰化糖廠變為國宅後，這段鐵路便由彰化端一直拆到鹿港附近的打鐵厝農場，殘存的路線長度約僅4公里，由鹿港站駛出後，過了崎溝子站不多時，便達路線終點。

因為從彰化到打鐵厝農場間的鐵路早被拆除，所以溪湖糖廠要到打鐵厝的火車，便要先走鹿港線到鹿港火車站，調頭之後再往回走只剩一小段的彰化線到打鐵厝去。而鹿港火車站之所以會留存、運作到最後，

打鐵厝農場。1994.11.洪致文／攝

到打鐵厝農場的列車。1994.11.洪致文／攝

也就是因爲有火車要開往打鐵厝農場之故。如今，打鐵厝農場要改建爲國宅，彰化線鐵路勢必拆除，而鹿港站不再有火車要來調頭，恐怕也就要從此眞正走入歷史了。

原本，還稍稍値得火車迷安慰的是：溪湖往鹿港的鹿港線鐵路，在距溪湖約11.3公里處有一分歧出的福興線仍有糖鐵小火車要跑，所以絕大部分的鹿港線鐵路仍將健在。但是，1996年的最新消息，卻是因爲西濱快速道路的興建，連福興線也不再行駛，讓人感覺消失得實在太快了。

糖業在台灣已屬夕陽工業，糖鐵在連台鐵都已日趨沒落的情況下更是日薄西山的交通工具。每年的製糖季結束後，往往就又會有天災或人爲等因素造成糖業鐵道的消失。如果鹿港車站有知，恐怕也無法在本世紀初開張時料想得到，會在世紀末的今天因爲六萬一坪的平價住宅案而間接被迫關門大吉。當最後一班從鹿港站開出的五分仔車駛離之後，蒙塵已久的鹿港火車站就將與只剩一小段的彰化線鐵路一同步下舞台，徒留記憶在人們心中，直到沒有人記得它……。

開往打鐵厝農場的列車，在鹿港站內調頭。1994.11.洪致文／攝

台灣索道列車

　　傳統的火車，輪子就是在鐵軌上跑，枕木之上除了鋼軌外，並沒有什麼特殊的設計。不過火車如果跑到要「爬山」的路段時，情形可就大不相同了。為了克服急斜的大坡度，有的地方使用了齒輪式鐵道，以車體下的齒輪與齒式鐵道完全密合以免「溜滑梯」，有的則以索道的方式，在山頂端用捲揚機牽一條線到車身上，下山時繩子慢慢放，上山時繩子慢慢捲，車廂就能安全上下。

　　在國外，像是日本的伊豆箱根鐵道，香港登太平山的鐵道，都是非常著名的索道鐵路。它們從山下到山頂，可以很快地載著觀光客往返，省去了許多「之字形路段」、「螺線爬坡道」的迂迴路程。由於這些鐵道的坡度都很大，所以車廂內的座椅是以階梯式來安排，從車尾到車頭要一階一階爬才成呢！

　　反觀我們台灣的索道鐵路，倒是絕少用在觀光載客的用途上，一般多是專用鐵道，例如：林鐵、礦鐵為了載貨而舖設的。最常見的索道設計，即可在礦坑口看見。台灣很多的煤礦，進出都是使用索道上下，到了地底後，才又分支出許多礦內支線到各採集場。

索道上的鋼索與鐵道。1993.6.洪致文／攝

指南宮後山的索道。1993.6.洪致文／攝

指南宮索道還有禁止擅入的標誌。1993.6.洪致文／攝

香港登太平山的索道列車。1995.8.洪致文／攝

目前在台鐵平溪線的十分站旁，重光煤礦、新平溪礦都還看得到索道鐵路的遺跡。尤其是新平溪礦除了有聞名的窄軌電氣輕便鐵道外，還有一條露天、用來倒石碴用的索道，十分地壯觀。

除了這幾條台灣比較典型的索道鐵路外，在台北指南宮後山，則有一條十分「詭異」的寺廟索道鐵路。

這段索道，是為了指南宮的建築工程，需要搬運資材而建的。它的坡度非常陡，而且一直線直通指南宮後山，全長約有300公尺，途中的坡度還略有變化：越到山上越陡呢！

它後來的功用，也可算是台灣索道鐵路的一項傳奇。除了搭載建築資材、工人上山外，遇到指南宮大拜拜時，還用來載「辦桌」的桌椅、待煮的魚肉蔬菜登上山，而不必繞公路。

這條非常簡陋的指南宮索道，並不是常有車在跑，它的「車廂」其實只是個平台車外加幾根給人手抓的木條而已，如果不是膽識大的人，恐怕還會怕怕不敢坐。不過話說回來，台灣如今僅存的索道鐵路也已不多，特別是還在運行的更是少見。下回您若到指南宮拜拜時，何妨也順道去探訪一下。

台鹽鐵道

最後的台鹽鐵道——布袋鹽鐵。1994.7.洪致文／攝

　　在南台灣火熱的艷陽下，夾雜著鹹鹹鹽味的海風不斷地吹佛著一條歷盡滄桑的鐵路；幾十年來，它忍受著火毒太陽的摧殘，穿梭於一座座白皚皚的「台灣富士山」(鹽山)間，肩負著它特殊的運輸任務。就在民國84年上半年，它已功成身退走入歷史。它即是台灣眾多專用鐵路中，頗為傳奇的「台鹽鐵道」。

　　台灣的運鹽鐵道屬於軌距762公厘的輕便鐵道系統，興建的年代多在日本佔領之時。二次世界大戰期間鹽鐵遭受嚴重破壞，於民國41年及44年由台鹽自行籌款及申請美援補助，終於把台鹽鐵道的路網建立了起來。

　　在台鹽所轄下的各大鹽場中，以布袋鹽場及七股鹽場的運鹽鐵道最為可觀。日據時代，二大主要製鹽會社「台灣製鹽」在1919年設立，「南日本鹽業」則在1938成立。布袋鹽場與七股鹽場，當時就是規模極大

的二處鹽場。1960年代的統計，前者的鐵道總長有14.6公里，與台糖布袋站相接做貨物聯運；而後者的鐵道總長更達29.5公里，與台糖佳里站相接辦理聯運。

　　台鹽自民國70年開始推廣機械化曬鹽以降低成本，七股鹽田的機械化鹽灘所佔比例最高，其長度最長的運鹽鐵道也幾乎同時地在1987年夏季拆除；僅剩的運鹽鐵道，就只有布袋一處了。

　　布袋的台鹽火車機車庫原本接收了七股鹽鐵廢除後的各式機車頭，而有「停車位」一位難求的擁擠現象，但在民國83年把許多故障或不堪使用的機車賣掉後，僅剩的8輛即成為寶島台灣最後的鹽鐵小火車。

　　鹽鐵的貨車廂大致上可分成兩類，一為可載鹽的高邊車，另一為載運滷水的貨車。機車頭方面，則以日本加藤(KATO)製及西德造的歐風火車最為特殊。它們不畏烈日每天火熱的洗禮，抵禦著海風無情的吹

1994年7月23日台鹽鐵道為了日本鐵道迷來訪而做的特別列車運轉。洪致文／攝

布袋鹽鐵作業區風光。1994.11.洪致文／攝

跨過此平交道，就進入台糖的布袋站。1994.11.
洪致文／攝

台鹽布袋鹽場的地磅。1992.7.洪致文／攝

布袋鹽鐵另種風情。1994.6.古仁榮／攝

最後的鹽鐵小火車。1994.7.洪致文／攝

布袋車庫裏仍「車滿為患」時的情景。1992.7.洪致
文／攝

布袋鹽鐵的機車庫。1994.11.洪致文／攝

廢棄在車庫外的西德製內燃機車。1992.7.洪致文／
攝

佛，就像人工曬鹽鹽田裏任勞任怨的老鹽工，載著一擔擔、一堆堆的鹽，數十年如一日地來往穿梭。那從老鹽工身上滴下的汗水，以及散落在鹽鐵火車上的粗鹽粒結晶，在艷陽的照耀下，是台灣西南沿岸最閃亮的光輝。那一座座宛如富士山的鹽堆，正是他們辛勤工作的「結晶」。

在民國84年，台灣最後的鹽業鐵道被拆除而永遠走入歷史。這最後的運鹽小鐵枝路，即是布袋鹽場那已剩不到5公里的運鹽鐵路支線與幹線。

這最後鹽鐵拆除的遠因，是西濱快速道路的興建將穿越部分鹽鐵，而近因卻是：以火車運輸不敷成本

也欠缺效率所致。台鹽鐵道拆除後，深入鹽田的鐵路已改成小馬路，然後用卡車來載鹽；至於那勞苦功高的小火車頭，台鹽公司預計成立鹽業博物館來加以保存。

由於台鹽最後的幾輛小火車頭都頗俱特色，像日本加藤製的小型8噸柴油車頭更已是不再生產的「絕版品」，日本的鐵道迷甚且曾經在探詢如何購買回去當「文化財」來保存。有鑑於10多年前台鐵台東線一大批珍貴老火車頭被日本人購去，如今散落在異鄉被人家當做寶來保存的前車之鑑，我們的台鹽公司本身，實在是應該好好來愛護這些車才對。

台鹽鐵道車輛面面觀

洪致文／攝

No.808——日本KATO（加藤）1954年12月製8噸內燃機車（屬布袋鹽場）

No.9——日本KATO（加藤）1954年12月製8噸內燃
機車（原屬七股鹽場，後轉屬布袋鹽場；車身綠色
塗裝與編號沿用七股舊制）

德國SCHOMA廠1963年2月製4噸內燃機車（原屬
高雄鹽場，1971年12月9日撥入布袋鹽場使用）

No.815——日本協三工業1971年8月製（製番08765）
8噸內燃機。

1969年10月台製2000CC巡道車（原屬七股鹽場，
1987年4月30日撥入布袋鹽場使用）。

木造5噸貨車，共有62輛。　　　　　　台糖新營廠鹽運用車。

台灣鹽業小史

　　據考證，台灣最早的鹽場，是鄭成功軍民來台時，由其參軍陳永華在明末永曆19年(1664年)，於現台南市鹽埕地區所創辦的日光曬鹽鹽田。

　　民國80年代初之時，台灣僅剩的鹽田只有四處，分別是台南鹽場(安南區鹽田)、布袋鹽場、北門鹽場與七股鹽場。

　　北門鹽田的興建始於清嘉慶23年(1818年)，大正8年(1919年)時，台灣製鹽株式會社加入開闢的行列。布袋鹽田則始建於清道光4年(1824年)，後由台灣製鹽陸續增建，1994年時共有十個曬鹽區，面積僅次於七股鹽田。七股鹽場的鹽田開闢則最晚，昭和10年(1935年)首先由台灣製鹽開發三百餘公頃，後在昭和13年(1938年)由南日本鹽業株式會社出資開闢了一千餘公頃，是台灣最大的鹽場。

台鹽七股鹽場鐵道的「拆除列車」。1987年夏　古仁榮／攝

　　在日據時代鹽業會社的發展上，初期以台灣製鹽為主，昭和13年(1938年)7月4日，南日本鹽業株式會社在台灣拓殖會社出資百分之三十，總資金達一千萬圓的備戰考量下成立。其最大手筆的建設即是七股鹽田的開闢；而另外，它在布袋、北門與高雄永安沿海的烏樹林，也都設有分所。

　　除了上述幾處鹽場，彰化鹿港、高雄烏樹林地區，也都曾有規模較小的鹽田存在。其中，鹿港鹽田於明治33年(1900年)由辜顯榮經營的大和拓殖會社開闢，昭和15年(1940年)則被台灣製鹽併購，光復後由政府接收，嗣因不符合經濟效益而結束。另一烏樹林鹽場，則是於明治41年(1908年)由地方人士開闢，後由陳中

早年人工曬鹽與簡易鹽鐵的運作情形。

布袋鹽田風貌。1994.11.洪致文／攝

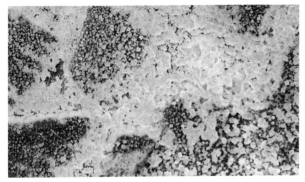

鹽田內的鹽結晶。洪致文／攝

和……等人組織的烏樹林製鹽株式會社接手經營，昭和15年亦與鹿港鹽田一樣遭台灣製鹽(株)併購。此附近地區的竹滬區鹽田，則是在昭和16年由南日本鹽業(株)所投資開闢，光復後亦併入烏樹林鹽場所轄，現早已結束生產。

總之，光復後由台灣行政長官公署專賣局接收時，下轄的台南、七股、北門、布袋、鹿港、烏樹林……六個鹽場，均為南日本鹽業(株)及台灣製鹽(株)所經營。其後，歷經多次組織更迭，以及大陸淪陷等巨變，民國40年改組為台灣製鹽廠，41年再改為台灣製鹽總廠以迄今。

據台鹽表示，未來將以自然淘汰的方式，只留七股鹽場的機械化鹽灘繼續生產。因此傳統人工曬鹽的景像將逐漸消失；而鹽鐵，自然是比糖鐵要更早沒落的產業鐵道了。

又甜又鹹的「糖鐵鹽運」

台鹽初期的鐵道，絕大部分都是在自己場內或者鹽田之間奔馳，如果要靠鐵路向外運輸，則要借用台糖的鐵道才行。所以，「糖鐵鹽運」，可以說是台灣兩大專用鐵道的攜手合作，為早期的鹽產品出口，締造了許多佳績。

台鹽鹽場與糖鐵的接軌運輸，在布袋鹽場、七股鹽場及已結束的烏樹林場均有。但這種接軌運輸，因受限於車輛與設備，所以必需包裝後才能裝卸，對於出口鹽來說，增加了不少的成本。所以，民國41年時，

駛進新營糖廠的運鹽列車。1992.7.洪致文／攝

為了響應經濟改造運動，並協助鹽業發展，一項「協助運鹽計劃」便被提出研究。

這個主要是要解決出口鹽包裝再裝卸問題的計劃，重點即是想把其運輸方式改為散裝運輸。所以，該計劃經由交通處、台鐵、台糖、台鹽、高雄港……等單位研究之後，於民國42年9月獲得初步協議。在得到美援資金的協助後，於民國44年初開工，4月下旬完成。使得布袋、七股兩鹽場所產之鹽，得以散裝運輸至高雄港裝船出口。

此工程由臺糖新營總廠主辦，農工處承造，在糖鐵布袋線距新營3.2公里的東太子宮站處，設立聯合運鹽轉運台；並且改造鹽車80輛，以配合此一糖鐵散裝運鹽的計劃。

此後，鹽鐵那載著白皚皚、亮晶晶鹽粒的鹽車，便能大搖大擺地在充滿了蔗香的甜蜜糖鐵線路上奔馳。當這些鹽載到東太子宮處後，再卸至台鐵的火車然後直駛高雄港裝船出口。據當時的估算，每年可增加運量21萬噸，收益60萬元呢！

時至今日，糖鐵已逐漸凋零，更何況是鹽鐵。在最後的布袋鹽鐵都被拆除了之後，於今連「糖鐵鹽運」都已停辦。鹽田與鐵道，自此以後就不再有親密關係，只剩台鐵路線旁一些通往台鹽倉庫的專用側線。

其實有時想想，躲在蔗園裏看鹽車駛過，空氣中迷漫著的蔗香海味，豈不是這糖鐵鹽運最迷人的田園風情。只可惜，這樣「又甜又鹹」的「美味」，卻已不再了啊！

颱風侵襲中駛進布袋的糖鐵鹽運列車。1995.6.洪致文／攝

在布袋鹽場整編的運鹽列車。1995.6.洪致文／攝

台灣製鹽總廠線（白沙屯）

長駐白沙屯牽引貨車進台鹽側線的「豬小弟」。
洪致文／攝

　　雖然說，穿梭鹽田之間的鹽鐵已在民國84年因為不符合成本效益而拆除，並且改以公路運輸，不過台鹽的工廠，卻還有側線存在，用以運輸完成的產品，算是一種佔得上邊的「鹽鐵」。

　　在台鐵海線鐵路的紀錄當中，台灣製鹽總廠在追分及白沙屯均有專用側線存在。從追分分歧出的全長僅400公尺，由白沙屯分歧出的較長，有1.2公里，興建於民國61年12月15日。

　　這兩條專用線目前都不載那種一車車白皚皚的鹽堆，而是一包包的成品。因此駛進的貨車，以篷車為主，沒有一點鹽鐵的氣氛。不過好在它們的所在地均是海線車站之旁，尤其白沙屯通往通霄精鹽廠的側線離海更近，算是保留了一點鹽鐵與海為伍的「傳統」。

　　台鹽在鹽田內穿梭的火車頭小巧可愛，是許多鐵道迷的最愛；從白沙屯分歧出的台鹽側線上，跑的一輛外號「豬小弟」小型調車機，也是寶島台灣造形奇特的怪車之一。

　　這輛長駐白沙屯站，用來牽引貨車進台鹽側線的小火車為DL6000型，是「安晟重工」所製造。它的駕駛室「鼓鼓的」，窗戶彷彿眼睛向兩旁垂下，車頭的引擎裝置處像是凸出的鼻子，無怪乎專拍攝火車大頭照的鐵道迷賴德湘，一見到它就直呼為「豬小弟」！

　　據台鐵員工私下表示：這型火車最初是用在某水利工程的工地之中，後來才由台鐵所接手。若照編號來看，台鐵應有四輛豬小弟才對。其常出現的地方，除了白沙屯外，就是清水及鳳山了。它們雖然不曾在幹線上奔走，甚至站間「移防」還要送上平台車運走，不過卻也是台灣鐵路迷人的另一種風情。

　　或許台鹽今天的運輸形態，我們是再也無緣看見一車車堆著鹽山的鹽鐵火車在西南沿岸穿梭；不過能看看「豬小弟」牽著載滿台鹽產品的貨車進進出出，不也是挺有趣的？

礦業鐵道

眾所週知，劉銘傳時代興建的鐵道，為台灣鐵路之濫觴；但若我們把鐵道的定義廣義地來看，連手推的輕便軌道也算的話，那麼早此十多年的光緒2年（1876年），全中國第一座新式煤礦在八斗子設立之時，台灣第一條軌道便已誕生。

在基隆八斗子的這座西式官辦煤礦，較之中國大陸上的第一座新式煤礦——開平煤礦的開辦要早了一年，最盛時一天可產一百餘噸。在它的坑內，舖有小軌道來行駛運煤台車。出坑之後，一直到海岸邊，也有軌道一路相接。這段軌道的全長約3華里（大約是1.5公里），從坑口到碼頭一路下坡，因此煤車可因重力而自己慢慢下滑，待煤由煤工卸至船上後，再把空車推回礦區即可。

這條輕便軌道，已有了鐵路的雛型，只可惜當初沒有順便購入小型的蒸汽車頭來牽引煤車的紀錄，否則台灣鐵道史勢必因此而改觀。然而，話說回來，煤礦的開採，運輸實為重要的一環。好的運輸系統，除了能使整個礦場運作較有效率外，更能因此而降低成本。所以，台灣的礦業鐵道，一直是走在時代尖端的。不管是內燃機車、蓄電池機關車、甚至電氣化機車頭都是首開風氣之先在礦場鐵道上行駛。使用科技之先進，足以說明它在那個年代的繁華盛景。

當然，台灣的礦產不只有煤而已，其他的金、銅……等礦也有頗可觀的輕便鐵道存在。以1940年的統計資料來看，運煤鐵道坑外的鐵軌9磅以上的總計有285.7公里，16磅以上的有35公里，火車頭19部；金銀

海山煤礦。伊藤一巳／攝

台和煤礦。1992年初　古仁榮／攝

菁桐煤礦的電氣輕便鐵道，其機關車上的圓形符號，
是台陽礦業株式會社的社徽。　伊藤一巳／攝

台鐵菁桐站後方的菁桐煤礦電氣輕便鐵道橋樑。
伊藤一巳／攝

菁桐煤礦的鐵道拆除後，所殘留的橋墩遺跡。
1989.洪致文／攝

礦礦場的坑外軌道，9磅以上鐵軌有14.3公里，16磅以上3.3公里，火車頭5部；產金銀銅及硫化鐵礦的礦場，坑外的9磅以上軌道有2.7公里，16磅以上52公里，火車頭34部；石油礦場雖無機車頭，但台車軌道9磅以上的卻有21.8公里及16磅以上的14.7公里。

它們，可說是礦產的運輸尖兵，也是礦區景觀中，讓人印象最深刻的活動佈景（因為它們都會跑啊！）。然而今天，這樣的產業景觀在台灣已一一消失，連過去最盛的煤礦開採亦已步入黃昏。平溪線沿途的重光、新平溪煤礦，大概已是這礦業鐵道最後的倖存者了。尤其是新平溪礦的窄軌電氣車頭，軌距約只有50公分，可說是世界上最小的實用級電力機車頭。它不只是鐵道發展上的瑰寶，更是產業文化中的珍貴歷史見證。

當這些礦業鐵道不得不因礦場關閉而消失之時，我們是否只能從侯孝賢或吳念真的電影片斷中去回味這些礦場運煤車的小鐵枝路風情呢？一座由礦場改建的礦業博物館，不是保存這產業文化的較佳方式嗎？

金礦鐵道（金瓜石礦區）

在早年，金瓜石礦山的坑內坑外運輸，有以手推台車道，或以馬拉礦車為之。1930年8月電氣輕便鐵道的敷設，可說是礦業鐵道發展上的一件大事。當時，敷設的地點是本山六坑的坑內及坑外聯絡線，坑內有1.47公里，坑外有223公尺，採單線架空集電方式，電壓為直流250伏特，配屬電力機車頭三台，整個礦產運輸的費用大減，獲益十分可觀。

隨著金瓜石礦山採掘的越來越盛，電氣輕便鐵道的規模也越來越大。坑內與坑外的運輸，本山五坑與七坑各有4噸蓄電池機關車二台，分別可連結10輛滿載的礦車行駛。本山六坑更是「厲害」，備有可連結15輛礦車的5噸電氣機關車4輛，20輛礦車的7噸電氣機關車4輛，來搬運這一車車的礦石。

上述的這些礦產，運出坑後，以索道送至焿仔寮港再裝船運去佐賀關製鍊所，但因焿仔寮的風浪大以

礦業鐵道火車頭數量統計

年份	煤礦礦場	金銀礦礦場	金銀銅硫化鐵礦礦場
1929	20	—	—
1930	21	—	3
1931	11	—	3
1932	13	—	3
1933	18	—	3
1934	13	2	4
1935	14	—	16
1936	14	3	25
1937	14	3	28
1938	10	5	30
1939	10	5	32
1940	19	5	34
1941	9	6	39
1942	22	6	39

金瓜石礦鐵的電力機車。

金瓜石礦鐵德國SCHOMA製內燃機車。
1995.洪致文／攝

金瓜石地區殘存的軌道遺跡。1995.洪致文／攝

致效率不佳，遂改變運輸方式，興建水南洞至基隆八尺門的輕便鐵道，改以火車送至基隆港。

這段鐵路並無電氣化，軌距為762公厘，初期有10噸內燃機車的行駛記錄，完成於昭和11年（1936年）前後，全長12.267公里，設水南洞、焿子寮、深澳、八斗子、八尺門五站，最大坡度千分之二十，最小曲線半徑65公尺，光復後民國34年5月25日開始恢復客貨營業，水南洞與八尺門站有貯水器設備，而遷車台只有八尺門站有。民國50年的記錄，有機車3輛，客車2輛，貨車78輛，所有列車均為客貨混合，所以載貨優先，人排第二的狀況不難想見。

民國50年，台鐵的深澳線瑞芳、深澳段完工通車，但這條金礦小鐵路依舊開行；直到民國55年，深澳至水南洞段鐵路交給台鐵改建成軌距1067公厘大鐵路，並於民國56年完成，這條金礦鐵道金瓜石線才真正功成身退。

如今，金瓜石礦場早已關閉多年，連台鐵深澳線也停辦客運，只留瑞芳至深澳火力發電廠一段供運煤列車行駛。台鐵的支線都已步入此等境地，那金瓜石礦區裏的台灣早期電氣輕便鐵道，也早已成為歷史陳跡。那台灣鐵道歷史上極重要的電力火車頭，大概只能從相片中去找了吧！

本山五坑附近的風景。1995.洪致文／攝

新平溪煤礦電氣輕便鐵道

也許，您很難想像，世界上會有一條鐵道，既有電車在跑，又有人力車在運行。事實上，在台鐵平溪線十分站附近山區裏的新平溪礦，正是一處電車與人力車交織而成的鐵道舞台。它既有最原始的手推台車路線，又有先進的電氣化鐵道系統。或許，這也正是發展中台灣，新與舊並陳的一個寫照。

新平溪礦於民國54年開坑、民國56年開始採煤，除了兩條索道及往捨石場的路段沒有電氣化外，其餘路線幾乎全部電化完成。在台鐵平溪線都還沒有電氣

化的今天，新平溪礦的電力機車，當真是相當摩登的設備。

在新平溪礦礦坑內採煤的，不用說全是男性礦工，然而拉著一車車煤的電力機關車一駛出坑口後，卻有可能改由女性來接手。

這些婦女熟練地坐上電車的駕駛室，來來回回地摘掛、組合搭載煤礦與廢棄石塊的小台車。在台鐵都還不曾引進女性火車駕駛的時代，新平溪礦的女火車司機，又領先了台鐵一步。不過，要把裝載廢棄石塊的台車，推到捨石場去傾倒的任務，竟是婦女們要做的。因此，她們風光地走下電車，還是毅然戴上斗笠，

以人力推著台車到捨石場的崖邊傾倒。

　　新平溪礦的電氣化火車頭，與過去平溪線菁桐站附近台陽礦業菁桐煤礦使用的相當類似，是一種二軸的Ｌ型機關車。它們其中有一些只在車頭挖一個小圓窗，因此被日本人稱為「獨眼小僧」，不過實地觀察所有的六輛車頭，有些還是「兩眼健在」的正常火車，並非全都少了一隻眼睛。跟據鐵道迷黃威勝、林錫宏的現場調查，3號及5號是日本「ニチユ」（日本輸送機株式會社）製，7號是日立製，1號、2號及6號則是台灣拼裝的。

　　要探訪新平溪礦遺跡其實不難，您只要坐火車由三貂嶺駛往十分時注意向右看，便可發現在快到十分站前有一個很大的降煤場，且有台鐵側線相通之處的上方山頭，即是它的所在地。如果還不清楚的話，不妨問問附近商家的民眾或台鐵員工，相信他們一定會很樂意地告訴你礦場在那邊，搞不好還為您解說一番這載煤火車的故事呢！

　　不過，這條台灣最後僅存的電氣輕便鐵道，卻已經因省公路局興建基福公路的基平隧道，開挖路線與新平溪礦坑重疊，而被迫關閉停駛，徒留遺跡供人憑弔。

新平溪礦的電氣鐵道。1995.12.洪致文／攝

新平溪煤礦電氣輕便鐵道的風光。
1991.5.洪致文／攝

新平溪礦的坑口。1995.12.洪致文／攝

坑口外的風貌。1995.12.洪致文／攝

礦車出坑運輸情形。1993.3.洪致文／攝

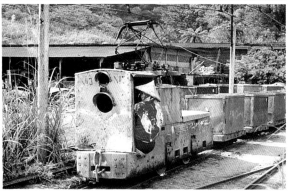

新平溪礦的「無柵門電車平交道」。1993.3.洪致文／攝

捨石列車。1993.3.洪致文／攝

開往捨石場的列車。1991.5.洪致文／攝

一般來說，新平溪礦挖出的廢棄石塊，都會送至此捨石場來堆放，而今已堆成一座小山。洪致文／攝

新平溪礦鐵的門形架線十分壯觀。1991.5.洪致文／攝

有時候，捨石場的索道若故障，新平溪礦亦會把廢石以人力推至此崖邊來倒。1993.3.洪致文／攝

通往降煤場的鐵道。1991.5.洪致文／攝

新平溪礦把煤降到台鐵煤斗車的降煤場。1993.3.洪致文／攝

新平溪礦的各式車輛 洪致文／攝

新平溪礦1號機車（台製）

新平溪礦3號機車（日輪製）

新平溪礦2號機車（台製）

新平溪礦6號機車（台製）

新平溪礦5號機車（日輪製）

新平溪礦7號機車（日立製）

新平溪礦礦車

重光煤礦鐵道

電影「多桑」的上演，讓許多都市裏的人們又開始懷想起那個採煤、用煤的歲月。

隨著礦坑災變不斷發生、老礦工一一退休、工資越來越貴及煤田逐漸枯竭的影響，台灣的煤業能撐到1990年代的真是寥寥可數。台鐵平溪線十分站附近的重光煤礦，大概是民眾在假日能夠前往重溫煤鄉風情的少數地點之一；而且，這些最後的礦鐵小火車，更是真真實實的煤鐵博物館展示主角，不只許多國人有興趣，連外國的鐵道迷都曾特地來台考察、紀錄，並出成攝影集問世。

重光煤礦的位置是在台鐵十分站對岸的山中，距車站約2.7公里，於日據時代大正11年(1922年)8月開坑採煤，有主斜坑二坑、又斜坑二坑，礦區面積近480公頃。

它與台鐵車站的連接，原本全以礦鐵小火車來擔任。因此，過去您若坐火車經過十分車站時，便可看到一輛輛滿載煤礦的小台車緩緩通過恐怖刺激的危險吊橋，至車站邊的降煤場把煤送進台鐵的煤斗車運走。

大約在民國80年前後，重光煤礦對外的公路拓寬完成，煤礦改以公路運輸，前段捨石場到十分車站，包括煤車專用吊橋的一段逐被廢棄，吊橋後來更被拆除，僅留遺跡可尋。其中途捨石場到礦區的部份，因為仍要靠小火車來載運廢棄的石頭，所以依舊保持完整。民國84年年中，筆者再度前往踏查則發現，這最後的一段也已拆除，只剩坑口附近尚有鐵道。

整個重光煤礦的礦區分佈，其實是分成兩個部份。而這兩處，都分別有龐大的礦鐵站場及各種採礦設備存在。其火車頭最引人注意的地方，是它們都為非常簡易的「拼裝車」。除了一輛編號12號由瑞三煤礦送來的日本加藤製內燃機車(現已不在現場)有名有姓外，其餘都是土產的「土火車」，就像鐵牛車一般「土味十足」。

在煤業已日薄西山的今天，這種軌距大約只有50公分的礦鐵小火車，終將駛往終站而走進歷史。我們除了將它拍入電影之中外，是否應該視其為礦業文化、鐵道文化的一部份，而好好找個地點保存呢？

重光煤礦至台鐵十分站間的運煤鐵道。 伊藤一巳／攝

重光煤礦過基隆河到台鐵十分站的
吊橋。1992.8.洪致文／攝

這裏原本有座小山洞。1992.8.
洪致文／攝

重光煤礦的鐵道。1992.8.洪致文／攝   重光煤礦的礦車。1992.10.洪致文／攝

相當簡易的單點移動式轉轍器。1992.8.洪致文／攝

休工時的重光煤礦。1992.8.洪致文／攝

卸煤用的翻車台。1992.8.洪致文／攝

重光煤礦風光。1992.8.洪致文／攝

拉礦車上來的捲揚機。1992.10.洪致文／攝

大雨中的重光礦車。1996.1.洪致文／攝

礦車出坑。1992.10.洪致文／攝

重光煤礦的機車   洪致文／攝

重光煤礦機車之一

重光煤礦機車之二

重光煤礦機車之三
重光煤礦機車之四（原屬瑞三煤礦的機車）

瑞三礦業鐵道

　　當宜蘭線的火車駛過侯硐站時，站外一幢黑色大廠房的斗大「產煤裕國」標語，讓人不知不覺中又把思緒拉回那個「一切力量投入反共」的時代。事實上，挖煤的那段黃金歲月，不正也是陪伴著我們一路刻苦地走過來的時光？

　　這個寫著「產煤裕國」四個大字的洗煤選炭大廠房，正是台灣煤業鉅子——李建興的瑞三煤礦大本營。

　　這處全名應為瑞三礦業公司侯硐煤礦的礦場，於大正14年（1925年）首由日本人設定礦區開始採掘（據傳最初為海軍所有）。昭和9年（1934年）7月由基隆炭礦株式會社獲得採礦權，並以包採制開採煤礦。光復後，因其內部有日資，所以為台灣工礦公司所接收，直到民國38年12月才由瑞三礦業公司購得礦權及設備。

　　瑞三在侯硐的礦區，主要分成宜蘭線鐵路側的本礦區及基隆河對岸的復興坑。其鐵道軌距為1呎8吋（約508公釐），可供機車行駛的路段，依據1960年度的交通年鑑指出，基隆河侯硐車站側共有800公尺（軌重15公斤），而河對岸需跨過長度86公尺橋樑的上部軌道，則只有300公尺（軌重12公斤）。因此，侯硐礦區最主要的礦鐵系統，應是與宜蘭線鐵路並行的下部鐵道。

　　而據民國五十年度的統計則顯示：該公司旗下有蒸汽機車8輛、煤車近500輛、柴油機車6輛，全為事業用車。

日據時代侯硐一景。

瑞三煤礦的鐵道在宜蘭線鐵路邊。
1991.5.洪致文／攝

連接大廠房與上部軌道的橋樑。 洪致文／攝

現今的侯硐風光。1993.3.洪致文／攝
瑞三礦業大廠房就在台鐵侯硐站邊，兩端均有鐵道相接。

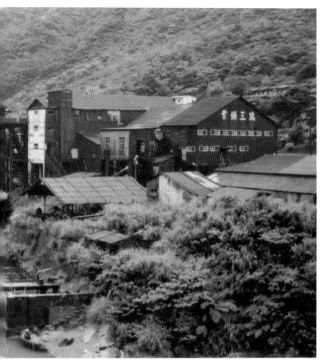

瑞三礦業大廠房到瑞三本礦的礦鐵風情。1991.5.
洪致文／攝

致文／攝

在台鐵侯硐站對岸的「猴硐坑」。1992.10.洪致文／攝

從廠房橫跨基隆河的橋。1992.10.洪致文／攝

過基隆河橋後向右轉的鐵道。1992.10.洪致文／攝

往復興坑的礦鐵。1993.3.洪致文／攝

然而，在日本慶應義塾鐵道研究會O.B.於1966年3月的實地調查卻指出：共計有4輛的蒸汽機車在運轉。而最特別的是，其中有2輛的軌距非508公厘，而是與台鐵相同的1067公厘，專門在選煤、洗煤大廠房旁的站場從事調車作業。

如今這些老蒸汽火車只有一輛存世，保存於台中，而在瑞三礦區中能見到的，只有柴油內燃機車而已。

對於喜歡懷舊氣氛的遊客而言，侯硐地區實在是個不錯的地點。其車站前方的水泥大拱橋，是日據時代就有的鋼樑橋，光復後由台鐵宜蘭線員工設計，抽掉鋼樑改建而成的。

從廠房邊的樓梯往上爬之後，便可到基隆河對岸俯視侯硐站場。順著軌道前行，再鑽過一個山洞後，還可看到復興坑的舊跡。至於就在台鐵路線邊的瑞三本礦，則因為多次土石崩落及人工開路的破壞，已不復礦鄉風貌。

據傳，瑞芳地方人士有意把侯硐建設成一個有規劃的礦業博物館，而瑞三煤礦的種種遺跡便是現成的文化資產。不過，在礦業設施、舊有軌道不斷被破壞的今天，文化保存與居民的現實利益，仍有非常無奈的衝突存在；再加上九份商業化的發展之後，原味盡失的前車之鑑，令人不得不反思：是否就讓侯硐這樣安安靜靜地存在，直到我們的文化水準提升到先進國家的程度再加以保存？

基隆煤礦鐵道

1977年5月6日，在一群日本鐵道迷專程趕來送行的簡單儀式後，台鐵五堵車站附近的基隆煤礦小鐵道正式走入歷史，告別這個世界。

基隆煤礦所有的礦業鐵道，是與瑞三礦業規模類似的煤業鐵路。其路線的長度、機車數量，甚至有過之而無不及。

在民國50、60年代，從台鐵五堵站走過跨越基隆河的吊橋，再鑽出麥帥公路的橋底，即可看見基隆煤礦的鐵道站場。

基隆煤礦公司在五堵這附近，共有三處礦坑存在。鹿寮一坑（又稱七星煤礦）於昭和8年（1933年）6月由益興炭礦株式會社開坑，距降煤的五堵煤場約4公里；鹿寮二坑（又稱鹿寮煤礦）於昭和7年（1932年）5月同樣由益興炭礦開坑，距五堵煤場約5.3公里。

這兩個礦區都在昭和15年（1940年）10月讓售給南海興業株式會社經營，光復之後由台灣工礦公司接收，轄於該公司的七星煉焦廠之下。民國44年10月，政府依照耕者有其田的辦法，開放民營成立鹿寮礦場，直到民國49年10月讓售給基隆煤礦公司以迄民國66年結束開採。

基隆煤礦除了上述兩坑之外，由台鐵五堵站出發過河後向左走，則還有一處烘內煤礦。該礦為民國38

楠木製蒸汽車於友蚋分站附近。1971年春　古仁榮／攝

基隆煤礦風景。1972.4.石川一造／攝

位於五堵的基隆煤礦。洪祖仁／攝

年1月，由台灣工礦公司七星煉焦廠開坑經營，民國44年10月改組成立烘內礦場，民國47年10月再改組合併成立煉焦廠烘內坑，而最後於民國49年10月讓售給基隆煤礦公司經營。其鐵道全長約有4公里，但卻在民國55年10月停駛廢線。

整個基隆煤礦有蒸汽機關車行駛的路線，軌距均為2呎（610公厘）。從五堵車站至鹿寮二坑長5.8公里，至烘內坑則長4.2公里。往鹿寮的鐵道有五座橋樑存在，而往烘內的則沒有。

據日本鐵道迷1966年的實地考證，該礦共有蒸汽機車7輛，包括6噸級（楠木製作所製）1輛、5.5噸級（鍛冶製作所製）2輛、3.5噸級（楠木製作所製）4輛，全為二動軸的B-Tank蒸汽車。民國61年時，日本的鐵道保存團體「羅須地人鐵道協會」購了其中3.5噸級的2輛，當中的3號是昭和5年（1930年）出廠，6號是昭和16年出廠的小火車，後來都經過原日本國鐵的小倉工場復元，一直保存迄今。筆者在1993年初造訪日本

大井川鐵道時，便曾親眼見到以藍布仔細包妥保存著的這車，令人對日本人替我們保存鐵道文化的舉動感到相當慚愧。也許在台灣這種政府極端不重視文化的國度裏，珍貴的火車只有送到外國保存，才能獲得良好的照顧？

在高速公路開闢，五堵附近基隆河畔景觀已完全改變的今天，當年的基隆炭礦鐵道影像，就只有從相片中去追尋。可是，當年日本人詳細的鐵道調查，卻是付出相當大的代價。台灣鐵道界前輩古仁榮先生，便曾不只一次地提到，他當年為了拍攝這都要停駛了的小火車，還曾被抓到派出所去「詢問」的往事。這種自己不好好保存鐵道，卻又不許別人做紀錄的奇怪現象，正是戒嚴時代台灣鐵道迷所碰到最荒謬的悲哀。

❖友蚋煤礦與基隆煤礦的立體交叉

在基隆煤礦往鹿寮二坑的旁邊，有一條後段近乎平行，而且還有多處立體交叉的人力車軌道存在，它即是東山煤業公司所有的友蚋煤礦。

友蚋煤礦在日據時代就已開坑，據台灣礦業史的記載，是屬於台灣パルプ（BULD燈泡之意）工業會社士林礦業所之修記煤礦所有。光復後由台灣紙業公司接收，民國36年4月復工生產，民國44年5月改由三和礦業公司開採，民國49年10月才轉讓給東山煤業公司經營。

由於它與基隆煤礦的老闆不同，所以縱使路線起迄點近乎相同，還是各走各的路，各過各的橋（基隆河橋）。不過，這條中途還有山洞的手押台車礦鐵，除了煤車外，還有兼載客，用途要比基隆煤礦多樣化。

友蚋煤礦與基隆煤礦共有三處立體交叉存在，分別在基隆煤礦到鹿寮二坑的前、中、後段，而且全是基隆煤礦小火車走上面，友蚋的人力車走下面，這樣資源不共享的鐵道景觀，當真亦是台灣礦鐵的特色之一。

台鐵高雄臨港環線

日據時代的高雄港。(取自「台灣寫真大觀」)

高雄海港給人的感覺,往往與巨大煙囱……等工業建物聯想在一起;或許也因此,伴著一艘艘貨船的低吟汽笛聲,迎著海風的鐵枝路一點也不會給人有突兀的印象,反倒覺得它似乎就該存在於那裏。

如果您翻開地圖瞧瞧,很容易就會發現高雄市的鐵路是一個令人驚訝的環形結構,並且分叉出許多支線到各碼頭、工廠。儘管台鐵將這幾可畫成一個圓的鐵道分成了縱貫線、屏東線、第一臨港線、第二臨港線……等許多部分,但在鐵道迷心中,倒不如直呼它為「高雄臨港環線」來得貼切。

要走入高雄的這個環狀鐵道系統,其實有兩條路可走,一是從左營站出發沿縱貫線南下後,不拐入高雄站而經鼓山站直駛往高雄港站;另一則是從高雄站北上經三塊厝站,轉個彎駛往高雄港站。

第一條鐵路的走法,其實是最早縱貫線於1908年通車時,通往打狗停車場(今高雄港站)的幹線。分歧點的鼓山站,是一個貨運站,設立於昭和4年(1929年)10月1日,當時稱為「田町驛」。原本,它的新舊站房同時存在,老的車站造於1929年,但如今已被拆除。

火車從鼓山站開出,沿著老縱貫線走,大約1.2公里後即可抵達現已幾乎不留一點遺跡的「山下町驛」。山下町這一站是個專供汽油車停靠的簡易小站,於昭和6年(1931年)8月1日開始營業,後來亦曾改稱壽山站。如今只剩下台鐵送員工至高雄港站上班的通勤列車會短暫停靠,是個實質上早已消失的車站。從這兒再前行1.4公里,便可抵現今的高雄港站。

另外一條通往這座最初的高雄驛──如今稱做高雄港站的路線,即是從高雄站出發經三塊厝站的鐵道。

火車從高雄站開出,過了自立陸橋後,便抵三塊

厝站。如果不停車往右繼續走，則可在過了愛河橋後經鼓山站往北上方向駛去；但若向左彎，則可通往高雄港站。

三塊厝驛於明治41年（1908年）2月1日即開始營業，現有站房完成於大正12年(1923年)，是座饒富古味的木造驛站。昔日，這兒可是個繁華之地呢！因為，帆船可從港口溯愛河至此「三塊厝港」，因此造就了這個聚落的發展，直到河岸整治失去舟楫之利才逐漸沒落。

民國50年是三塊厝開始步向黃昏之年。整年的上下車人數只剩約1200人，於是民國51年起專辦貨運，是個還算有點規模的三等站。早年，其站旁本有一座每分鐘有300罐製造能力的「東洋製罐株式會社」工廠，近年來關閉後，三塊厝站更沒有了存在的價值，於是在民國75年廢站，徒留站跡讓人遙想近80年來的滄海桑田。

火車通過了三塊厝站，再向前駛去便會過愛河橋，之後與鼓山站分叉來的鐵道合流通往高雄港站。整個路線的佈置，其實就是有三個端點的三角線形態，鼓山站、三塊厝站及往高雄港站的鐵道分佔三個角落；據觀察，有不少自強號電聯車是整組拖到這裏來「調頭」的呢！(任何火車只要在三角線上走一遭，便可達到頭尾互換的調頭結果。)只可惜由高雄經三塊厝到高雄港站的一段，已於民國八十四年十一月初拆除。

從前述這兩條路合流後繼續前駛，過了公園路橋（大跨距半圓形鋼樑橋）即進入高雄港站區。

做為縱貫鐵路的最早終點，高雄港站的規模一點也不遜色，就像直到如今它仍名列一等站之林您便可窺知一二。

明治33年（1900年）11月29日，舊稱「打狗停車場」的高雄火車站於此正式開張，配合高雄港的第一期建設工程，還陸續完成了分叉往「高雄漁業組合」

最上游的縱貫線愛河橋。1993.8.洪致文／攝

屏東線愛河橋。1993.8.洪致文／攝

迎著海風的高雄臨港線。1992.8.洪致文／攝

出海口附近的臨港線愛河橋。1993.8.洪致文／攝

高雄港站今貌。1990.7.洪致文／攝

木造舊鼓山站(已拆)。1995.8.洪致文／攝

哈瑪星一帶的號誌塔（已拆）。1991.2.洪致文／攝

1920年代的高雄港站一帶風光。

今天從壽山俯現高雄港站的情景。 1995.8.洪致文／攝

最早設在今高雄港站的「打狗停車場」。

現已被拆的高雄港扇形車庫。1992.8.洪致文／攝

的濱線(今稱漁港線)，以及蓬萊線區第一、二號碼頭的「商港線」。

目前，高雄港站站南、站北均有號誌樓的設置掌管列車調度及進出。早年高雄站還未搬遷至現址之時，它擁有兩座月台及一座跨線天橋，雄偉的扇形車庫亦說明了它是南台灣第一大站的磅礴氣勢。這座扇形車庫在大戰時被轟得剩不到半座，光復後簡單重修勉強使用，民國82年竟被港務局稱是港區用地而索回拆除，讓人有種「乞丐趕廟公」的無奈感覺。畢竟，它可是繁華高雄驛殘存的少數歷史見證啊！

高雄港站在台鐵的「路線定義」中有著不凡的身價。首先，它是西部縱貫線的最初終點，路線的鋪設

其實是以它為「正統」；其次，它是屏東線與第一臨港線的起點。屏東線的零公里標位於其車站中心，由此經三塊厝站連接一般人認為的屏東線始發站（高雄）；另外，由此起算繞高雄一圈的13公里第一臨港線，亦是以它為起點。

目前的高雄港站站房完成於民國55年3月，雖然是個貨運站，但代售有高雄起站的對號等級車票，唯分配座位不多，因此「欲購需從速」。

由此出發，伴著遠方不時傳來的輪船汽笛聲，以及鹹溼的海味，我們離海是真的越來越近了。等到火車通過愛河最下游的這座全長96.6公尺愛河橋時，向出海口望去，一艘艘緩緩移動的貨船，以及橋下一波

高雄港站的煤台、水鶴與水塔。1992.8.洪致文／攝

高雄港站軌道錯綜複雜。1992.3.洪致文／攝

1993年7月鐵道文化協會舉辦的高雄環行之旅特別列車。洪致文／攝

波翻騰的海潮，您才能真正感觸到「臨港線」的意境。

高雄市區內的鐵路，一共要「三過愛河橋」。第一座最上游的是電氣化的愛河橋；第二座夾在中間，離縱貫線不遠的則是定義成屏東線的愛河橋；第三座，也是最少有火車通過的，便是這座位於出海口旁的臨港線愛河橋。

火車轟隆隆地通過此，向右一彎，便駛進了苓雅寮車場。

接著一直到中島車場三角線之前的一段，有許多的貨運專用線分叉出去，像是台鋁、東工、大華……等工廠線(現已拆除)；過了成功橋後，則還有台肥線存在。若從中島車場三角線往左走去，則可順著第一臨港線通往前鎮車場；但若向右彎去，則可抵控制著加工出口區鐵道的中島車場。

中島車場的站房建於民國59年6月，由此分歧出的鐵道可抵中島東岸及西岸的30號至56號碼頭。東岸的鐵路主要包括了台化線、華夏支線及末端的第一貨櫃中心鐵道；西岸則以台糖碼頭為主。若我們不拐入中島車場，而順著第一臨港線直走，在經過了台機鋼品廠線、台鹼側線，鑽出中山路立體交叉，再過了硫酸錏支線後，便可抵前鎮車場。

前鎮車場的木造站房造於民國56年3月，並於民國62年10月增建加強磚造的部分。它與高雄港站一樣，代售高雄起站的各級對號車票，且是第二臨港線的起點。

跟著早上的通勤列車回高雄站的高雄機廠全檢出廠車。1992.8.洪致文／攝

停放在高雄港站內的蒸汽車。1992.3.洪致文／攝

漁港線。1996.2.洪致文／攝

港區內的鐵道。1996.2.洪致文／攝

鐵道與船在臨港線上，是如此地接近。1993.7.洪致文／攝

高雄港碼頭。

照片中停於高雄港站的豬車與平車,現都已解體消失。
1992.3.洪致文／攝

中島車場。1996.2.洪致文／攝

台機廠區。1996.2.洪致文／攝

前鎮車場。1993.7.洪致文／攝

台鐵鋼樑吊車停放於台機鋼品廠線。1996.2.洪致文
／攝

從飛機上下望草衙車場。1995.8.洪致文／攝

草衙車場的站房。1993.7.洪致文／攝

第三貨櫃中心。1992.8.洪致文／攝

第71、72號遠東倉儲碼頭的風景。1992.8.洪致文／攝

　　第二臨港線全長8.6公里，前鎮車場至中山路立體交叉一段與第一臨港線平行，之後才向左分叉出去。從中山路立體交叉到草衙車場之間的第二臨港線，與已拆除的台糖鐵路平行，並且分叉出往唐榮中興鋼廠、中油儲運中心及第二貨櫃中心的鐵道。

　　草衙車場是第二臨港線上的一個重要分歧站，其站房建於民國69年5月，由這裏向右分叉出去，可抵第三貨櫃中心及最現代化的71、72號碼頭遠東倉儲支線。

　　遠東倉儲是現代化電腦管理的穀物倉庫，外界參觀高雄港時常被安排至此一遊。這條專用線備有一輛專供調車的日本北陸重工製機車頭，可說是輛常年與海為伍的火車。

　　這條支線旁的碼頭除了停泊有運輸穀物的貨船外，尚有警政署保七總隊的巡護船會停靠於此；民國83年7月交大鐵道研究會舉辦的「高雄環行之旅」，亦是以此為參觀重點；而且，當天還是第一次有旅客列車駛入這座貨船碼頭呢！

　　第二臨港線是整個高雄港擴建後的新興港區所在之地，終點在中鋼廠區，原本還有一處與通往台糖小港糖廠糖鐵十字交叉的「十字路口」存在，只是如今

停於臨港線邊的巡護船。1993.7.洪致文／攝

從前鎮回高雄的路段有電氣化。
1992.10.洪致文／攝

R100型柴電機車除非特殊原因，是很少跑到港邊
來的。1993.7.洪致文／攝

已成陳跡。

　　第二臨港線的貨運列車，均是以前鎮車場爲出發點，而前鎮車場，亦是當年縱貫線電氣化工程的南端終點。

　　從此站開出，分歧出的鐵路有往台鐵的材料廠及往高雄機廠的專用側線。由此開始一路上均有電氣化，電力機車可以自由地來來去去，直到快抵民族路橋之前，匯入屏東線由屏東往高雄的鐵道，才平行地駛回高雄車站，而圓滿地走完了完整的高雄臨港環線。

　　這一大段的鐵道，其實是可以成爲解決高雄交通

問題的功臣，無奈台鐵沒有改善、經營它的誠意，而使得它即將因阻礙交通的罪名而被部分拆除。

　　爲了在它被拆得柔腸寸斷之前圓一個坐火車環繞一圈的夢想，民國82年7月11日交通大學鐵道研究會特別辦了一場「高雄環行之旅」活動，爲這條台灣環島幹線中的小環狀線做一歷史見證——因爲，台鐵從來沒有像這樣的旅客列車載著乘客繞高雄轉一圈啊！只是，這條迎著海風、圓圓滿滿畫成一個圓的鐵枝路，終將無可避免地遭到拆除，而只存於老地圖上，以及高雄人的內心之中！

台鐵台中港線

　　近幾年，有不少因民意及虧損理由而被台鐵拆除的支線，竟又有聲音發自民間，要求「重建」；尤以素有台鐵最美麗支線之稱的「東勢線」最令人注目。其實，在台灣的鐵道歷史上，鐵路建了又拆的事件根本不是新聞。後段的屏東線（林邊至枋寮）及淡水線上的新北投支線，便都曾在二次大戰時因資材不足而拆了鐵軌停駛，直到光復後才又重建通車。

　　這兩條鐵道因有辦理客運，所以地方民眾的印象較深刻，當年為了新高港（台中港）築港工程而建的工事用鐵路，則因與民眾的「行」較無關係，所以拆了又建的坎坷歷程，便少有人關注。

　　這個中部築港計劃，在昭和13年（1938年）3月發佈，隔年9月25日還舉行了盛大的開工式，以宣告新高港工程的正式開始。

　　這條由甲南驛一直通到新高港的築港用工事鐵道，全長10.8公里，還有支線4.1公里，專門用來運輸工程材料至北堤上之用。民國38年因為築港工程停頓

多時而先將鐵道拆除，惟路基與橋墩都一直良好保存著。其上行駛的德國Henschel廠製四軸蒸汽火車，亦編入台鐵車籍，獲得DK500型的稱號。

　　這2輛車的來歷頗為傳奇，據考證它們是1921年出廠，原在嘉南大圳興建工程中使用的火車頭；後來轉到新高港的築港專用鐵道上行駛，光復後才入了台鐵之手。據台北機廠的老師傅鄭萬經先生回憶，這兩輛車初抵機廠大修時，狀況差得很呢！要不是當年的資源缺乏，大家又都有「惜物」的共識，這兩輛車那會修好，又編入車籍？

　　民國38年這條鐵路被拆後，民國45年末經濟部水資源統一規劃委員會提出的「大甲溪流域開發規劃報告」卻又主張：為了興建台中港，以及港區內的工業區，這段鐵路應即修復通車。

　　同計劃中並且主張，接續完成日據時代已做好大部分路基、大甲溪橋橋墩的東勢線，以及昭和17年（1942年）開工興建，昭和19年完成路基、橋涵的龍

台中港線的列車。1995.3.洪致文／攝

台中港站站房。1995.3.洪致文／攝

台中港貨運辦公室站場。1995.5.洪致文／攝

台中港線分歧處。1995.3.洪致文／攝

台中港線上的奇怪調車機。1995.5.洪致文／攝

井、梧棲線。前者雖有通車，但今天卻已停駛而走入歷史；後者全長9.7公里，其中有一段還會與海線的正線呈立體交叉，抵梧棲後與當年新高港的築港鐵道相連，形成一環狀的臨港線。只可惜這段鐵路一直未完工，成為永遠的遺憾。

由甲南一直到台中港的這段鐵路，雖然民國45年就已有規劃案提出要重建，不過付諸實施卻一直要到十大建設的台中港案才有所眉目。

民國63年3月19日，甲南到台中港的「台中港工程局線」完工通車，民國65年8月5日改稱「台中港務局專用側線」，同年10月30日台鐵接收，隔日成立了專辦貨運的簡易站──台中港站，這段7.8公里的鐵道，一般便也以台中港線稱之。

民國74年1月1日起，甲南站改稱為台中港站，原來的台中港站則在同日改為台中港站貨運辦公室。在台鐵的記錄當中，由此分歧出的專用側線，還有600公尺長的台中港務局第一線及800公尺長的第二線。

這段鐵路在港區外的風景並無太大特色，由台中港站（原甲南站）分歧出的大彎道大概是較特殊之處，此後沿著17號省道一路直行，景色單調直到貨運辦公室（原台中港站）。

貨運辦公室旁的站場，可見臂木式出發號誌機，是台鐵已很少見的設備。在站場內來回穿梭的小型調車機，則是相當破舊，寫著太原交通的北晟重機製二軸L型小柴油車。它的外觀與常見的小調車機有所差別，塗裝更為少見，算是台中港線上特有的怪車。

台中港的開發從新高港、大甲溪流域計劃，到十大建設、亞太營運中心……，走過的路不可謂不漫長。台中港線鐵道的建了又拆，拆了又建，正是它半世紀以來風風雨雨的最佳見證。這條鐵路或許因為沒有辦理客運，因而民眾較不知曉，不過它卻是台鐵眾臨港線當中，不可輕忽的一條呢！

台鐵基隆臨港線

在日本領台初期的交通基礎建設計劃當中，縱貫鐵道及基隆港的興建，是「統治上」的第一要務。因此這兩項艱鉅工程，於20世紀初，便在政策的大力支持下展開，使台灣真正邁向近代化之路。

由基隆火車站往東北方向沿伸，也就是基隆港西側碼頭，岸壁倉庫一帶的鐵道，正是基隆臨港線初期的路網。由於基隆站位於港區的西側，因此東岸碼頭迄今都一直沒有鐵道來連接，或許是因為線路舖設上有所困難。

光復後，民國39年在基隆臨港線的範圍內，完成了一條1.1公里的台肥支線；民國44年又蓋了約3公里的基隆外港特種貨碼頭聯絡線，使基隆臨港線也有了如高雄臨港線般，既複雜又可繞一圈的環狀鐵道系統。

基隆臨港線上有許多值得一看的「鐵道珍品」，像是臨港線與台肥線的十字交叉，復興鐵公路併用隧道，12號碼頭附近、分歧通往仙洞調車場的雙K道岔……，均值得鐵道迷一遊。

這其中，特別是「仙洞調車場」，名字就取自基隆有名的「仙洞」，非常地有本土味。它是基隆港區內一個相當大的貨車調車、編組地點。其與臨港線相接之處，除了有雙K道岔外，還有一幢舊式號誌樓；由此遠望，各式船隻就在眼前。火車高吭的喇叭聲，與輪船低沈的汽笛聲，就在這邊交織成一道動人的交響曲。只可惜圍牆內的仙洞調車場，屬於港區禁地，非經正常管道，恐無法合法地入內參觀。

基隆臨港線的列車。1995.11.洪致文／攝

日據時代的基隆港。（取自「台灣寫真大觀」）

相片中的鐵道現已沒車在走了。1995.11.洪致文／攝

民國44年完成的鐵公路共用復興隧道。1990.4.
洪致文／攝

基隆臨港線上從基隆開出後的第一個隧道。1996.2.洪致文／攝

臨港線與台肥線的十字交叉。1990.4.洪致文／攝

過此雙K道岔，就進入仙洞調車場。1990.4.洪致文／攝

台肥線風光。1990.4.洪致文／攝

台鐵花蓮臨港線

花蓮港站至舊花蓮機廠之間的臨港線風光。1996.2.
洪致文／攝

日據時代的花蓮臨港鐵道。

花蓮港施工時的工程用車。注意車號18旁的人之大
小，依此比例可發現這平台車相當的大。

對於不少花蓮人來說，花蓮臨港線是條有著兒時記憶的小鐵枝路，因為窄軌時代的花蓮臨港線（或稱花蓮港線）一直有辦理客運，並且是搭載不少學生去上課的通勤路線呢！

從窄軌台東線的花蓮站往北及往南分別有臨港線的鐵路分歧出去。往海岸（南濱）約1.1公里的貨運用海陸連絡線在明治45年（1912年）1月完成。當時這條線上的一座汽車會社製鋼樑，一直到東拓後都還被台鐵丟棄在附近，後來才不幸被「清理掉」。整條通往南濱的鐵道，可說是台鐵殘害鐵道文化財的見證。因為台鐵不只毀了足以代表窄軌台東線建設初期的鋼樑，還曾在這條線上擺了一堆報廢的珍貴蒸汽火車頭，最後被當作廢鐵拍賣解體！

此外，往北分歧出往東花蓮站（今花蓮港站）的4公里鐵道，則在1930年代後期完成。光復後行駛通勤「學生仔車」時，還設有新村與美崙兩個車站。

如今，東拓完成後的花蓮臨港線已有很大的改變，花蓮舊站一帶的景觀已完全改變，台鐵花蓮機廠再遷移之後，變化更大。

從窄軌時代田浦到花蓮舊站的鐵道已全拆除，花蓮港站雖改建後仍在原位，不過對外的聯絡，已改走北邊的路線回到花蓮新站。其與北迴線相接處，曾是三角線的設計，不過後來東北側的一邊被台鐵拆除，使得由北迴線南下的散裝水泥車，要先進花蓮站再轉線北上入港。1995年北迴線的雙軌化工程，台鐵又把這條被拆的鐵路重新整地舖軌，令人不得不懷疑其鐵路建了又拆、拆了又建的「決策過程」，到底是怎樣的「專業考量」？

花蓮港站。1990.8.洪致文／攝

花蓮港線的美崙溪橋。1996.2.洪致文／攝

花蓮港線列車。1996.2.洪致文／攝

日據時代美崙溪橋風景。

台鐵蘇澳港線

蘇澳港是十大建設中的一項，不過自從它完工之後，來此停泊的船隻一直不多，因此其臨港鐵道也就十分「荒涼」，少有火車光顧。

蘇澳臨港線由蘇澳站末端分歧出去，跨過白米橋之後，行駛於兩側高聳的路塹之間；鑽出之後，如世外桃源般的機務分駐所便赫然出現。這邊時常停有待機中的柴電機車，一個電動的轉車台，以及蒸汽火車時代的水鶴……等設備，從蘇花公路上下望更是一覽無遺。

蘇澳臨港線由此又繼續前行，穿過一座民國70年5月完工的隧道，再過一平交道，便進入港區之內。由於來港的船原本就少，火車當然少見，雜草叢生的景況，當真令人不勝唏噓。

蘇澳港的鐵路站場。1995.3.洪致文／攝

白米橋。1995.3.洪致文／攝

開往機務分駐所的機車。1995.3.洪致文／攝

附有鐵門的山洞。1995.3.洪致文／攝

台鐵台東海岸線

台東海岸線現在的新終點。1992.2.洪致文／攝

只剩一點點的台東海岸線。1992.2.洪致文／攝

對於一般人來說,台東站就是花東線的最後終點;不過,在窄軌台東線的時代,由台東繼續下行,還有一站,那就是「台東海岸站」,而這段鐵路,就叫做「台東海岸線」。

台東海岸線全長1.2公里,於昭和8年(1933年)4月1日開始營業,是一條貨物運輸線。

如果您站在台東的鯉魚山下望整個台東站站場,即可清楚看到一條在車站末端,繼續向後沿伸,並往左彎去的鐵道,那便是這條台東海岸線。

民國71年6月底東線拓寬之後,這條軌距為762公厘的窄軌鐵道,便遭到廢棄的命運。不過因為台東站的站場腹地不足,列車調車還要用到一部份台東海岸線做為「拖上線」(先把火車拖上此線,再推入站場的鐵路線)之用,所以前段的鐵軌有跟著拓寬軌距,並成為台東站站場之一部分而留存迄今。而中、後段的窄軌鐵道,則多已拆除,但卻殘留些許的路線遺跡給鐵道迷尋訪。畢竟,曾走過的,必留下痕跡。

台鐵林口線

林口線的林口站。1993.6.洪致文／攝

往大洋塑膠的側線。1993.6.洪致文／攝

台電林口火力發電廠的附近海灘，是北部民眾「違法戲水」的一大勝地。或許有不少到此一遊的民眾，會意外發現這兒竟有一條鐵路的存在。如果運氣好，一列長長的運煤列車行駛於貧脊的荒涼丘陵地之上，伴著海風與陣陣的濤聲，十足地吸引鐵道迷的目光。可惜，這條線並不辦理客運，大多數人都不了解它的真實面貌；它的名字，就叫做「林口線」。

林口線於民國57年1月1日完工，全長18.4公里，真正的支線末端，應為19.2公里處的林口火力發電廠。興建此線，運煤進發電廠是其主要任務。完工時，在從桃園站分歧出後的9.8公里處，設有一「五福站」；18.4公里處，亦完成了「下寮站」。下寮站有路線多股以及站房一座，踏出車站台階，下方即是白浪翻騰的海岸。

林口線在最初有辦理客運的規劃，但後來沒有付諸實施，僅用柴油客車試辦過一次載客營運。這條鐵路完成沒多久後，下寮站改稱為林口站，以與林口電廠名稱相符。目前，林口站的站房早已剷為平地，僅留車站基地與台階供後人遙想當年。它站內的股道搭配上附近的地形，可說韻味十足，所以不少歌星的

林口線風光。1993.6.洪致文／攝

MTV都是在此拍攝，連專輯封面上都還有以它爲背景的呢！

　　如今林口線的貨運業務，不只有台電一家而已，其沿途仍有不少的工廠側線分歧出，使得這條鐵路呈現欣欣向榮的景況。

　　它從桃園站分支出後，5.1公里處即分歧出了製鹽總廠專用線；緊接著，還有糧食局專用線、新竹化工專用線、中油桃園煉油廠線、嘉新水泥桃園廠線、台泥桃園廠線、大洋塑膠公司線……等專用側線。在專用線內的調車，均由各公司自雇轉轍工辦理，因此其線上有幾輛調車用的小火車頭存在。而且，它們外形奇特，有別於一般台鐵的火車，極吸引人目光。

　　台鐵林口線在早年，也許如同台鐵所說的一樣；客源稀少，不適宜辦理客運。但今天，桃園中正機場也許是台鐵好好利用這條鐵路的契機。因爲，林口線是台鐵路線與中正機場最近的一處，在國外興建機場一定配合鐵路大眾運輸的時代趨勢下，台鐵應可將林口線的路線標準提高，然後再新建一分歧線路到中正機場，並可使搭機旅客不必受高速公路塞車之苦；入境旅客亦能迅速到達目的地。

　　林口線其實可以是台鐵的另一條黃金路線，可是有錢不賺的公務員心態，卻往往造成台鐵捧著金飯碗卻猛虧錢的奇怪現象。在可預見的未來，只要林口發電廠還用鐵路運煤，那麼林口線應不致有被拆除的危機。然而，台鐵可把它從中途沿伸到飛機場做爲現成的機場捷運路線，但爲什麼從沒有政府或交通官員正視此一問題呢？

中 鋼 鐵 道

在台灣，有一種最重的火車，如果跑上台鐵的線路，鐵軌恐怕會變形；它的機車頭，竟然不用人坐在車上操作，只要背個遙控器，站在火車旁邊就能指揮若定……。這樣的鐵道，是眞眞實實存在的鐵路，而非天方夜譚，它就是謎樣的「中鋼鐵道」。

中鋼公司成立於民國60年12月，建廠至民國67年1月才正式開工。它廠內的鐵道，最主要的任務是用來運送煉鋼過程中的滾燙鐵水，因此路線的規模，隨著公司一個一個階段的擴建，逐漸增大。民國77年4月，中鋼完成了第三階段的擴建，因此如今中鋼鐵道上跑的火車，便共分成三個不同時期所購入。

中鋼廠區內的鐵道軌距與台鐵相同，原本有線路與鐵路局的高雄臨港線相接，不過民國77年停用、民國84年初拆除之後，中鋼鐵道便成了不折不扣不與外界相關的獨立「鐵道王國」。然而，您卻不能小看它的規模，因爲它的鐵道總長便達24公里，火車頭的數目更多達15部，每天不分晝夜地來回穿梭廠區，堪稱台灣的一大鐵道奇蹟。

它用來搭載滾燙火熱鐵水的火車，是一種噸數奇

中鋼鐵道自成一個王國。1995.6.洪致文／攝

中鋼鐵道即景。1995.6.洪致文／攝

大，稱做「魚雷車」的特殊設計車輛。這魚雷車的稱法，並非中鋼所自創，在外國的製鐵廠，它們叫它Torpedo Car；翻譯過來，亦正是魚雷車的意思。之所以有這麼奇特的名字，其實您只要看看它的車身便可頓時明瞭——因為它長得就像顆「大魚雷」！

中鋼現有45輛魚雷車，第一階段擴建（中鋼人自己簡稱「一階」）購入的法製13輛，光空車時就重達200噸，若滿載鐵水更可達450噸。二階、三階購買的32輛魚雷車則更大，空車已重250噸，滿載時更達575噸，可說是全台灣最重的火車。

為了支撐這麼重的車身，每輛魚雷車一共有六個轉向架，12軸的車輪，來承受這可怕的重量。連它所行走的鐵軌，亦使用超過台鐵標準的60公斤重軌，以防「變形」。

中鋼鐵道除了有這重量、車輪數為全台之冠的大王級魚雷車外，牽引它的柴油火車頭，也是怪如影集李麥克的霹靂車一般，不用人在火車上操縱的「遙控火車頭」。

中鋼現有15輛柴油火車頭中的13輛，是一階到三階之間所陸續購入的日本日立製機車頭。它們不被要求能夠高速奔馳，但卻絕對要有夠大的牽引力，才能拉得動那龐大的魚雷車。因此這些火車頭個個都是大力士，最強的還能牽引1400噸呢！

這群中鋼火車頭，在中鋼廠內運輸處鐵路車輛課陳澄興課長的研發改良之下，每輛都裝上了可由人背在身上操控的遙控器來駕駛，使這些中鋼火車頭，都成了名副其實的「遙控火車」。據陳課長表示：經此改造後，火車駕駛可在地上鐵軌邊調度火車，又能兼做連結、拆解車廂的調車工作，節省了許多人力。相較之下，台灣各地的其它「主流鐵路」，調個車就要出動一大堆人在現場工作，真的是無法趕上時代腳步。

由於煉鋼廠在運作時不能隨便停機，因此載鐵水的魚雷車24小時都有機會要出動，中鋼火車的駕駛便要隨時有人在上班。

1995年年中的調查，中鋼廠內分成9個工作區，所以共有36位火車駕駛分4班制隨時出勤；線上運轉中

的火車頭也一直保持9輛，另外的除了做預備用外，便是在做維修保養。

　　這些火車跑了45個工作天後，就會進中鋼自己的「重機械及一般車輛修理工場」做維修整備。因此，中鋼在自己摸索了這麼多年這些火車頭後，也興起了自製火車頭的念頭。

　　民國84年3月，中鋼向德國SCHOMA公司買了2輛新火車頭之後，5月底又與該公司簽約合作生產3輛中鋼要自用的柴油機車。

　　在台鐵線路上充斥著韓國製火車的今天，中鋼開始自製火車頭，確實會令許多國內有製造台鐵車輛經驗的廠商汗顏。尤其中鋼自製的火車，甚至會比德國原廠多出能夠遙控操作的功能，對國內許多的專用線廠家而言，可說是相當不錯的選擇。也許，在21世紀，中鋼將會是台灣鐵道車輛工業中的真正「火車頭」，我們國人自製而且上得了世界舞台的火車頭，就要在此誕生。

洪致文／攝

中鋼鐵道車輛

日立製68噸級柴油機車，D601～D604號1981年購入，D605～D608號1987年購入。

日立1976年製58噸級柴油機車，編號D501～D505。

1995年3月購入之德國SCHOMA製70噸級柴油機車。

法國DE DIETRICH製魚雷車，編號1～13號，空200噸，重450噸。（一階）

日本NIPPON STEEL製魚雷車，編號14～25號，空250噸，重575噸。（二階）

美國PECOR製魚雷車，編號26～45號，空250噸，重575噸，
轉向架住友製，台機組裝。（三階）

俗稱「杯杯車」的鋼鐵廠專用車輛（另種魚雷車）。

台鐵20F300型平車，當作連結車（間隔車距）用。

 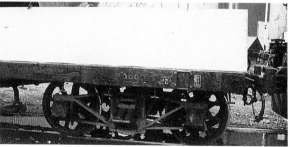

台肥鐵道

台灣肥料公司的鐵道，亦可算是專用鐵路中的大戶。它所擁有的自備貨車、私有機車，形態、種類都極多，格外地吸引鐵道迷注意。不過，近來鐵路貨運日趨式微，台肥鐵道也不可避免地漸漸改以公路運輸。不少的台肥工廠更因政府種種的公共建設而不得不關閉，由台鐵路線上分歧出的台肥鐵道，當然也就跟著成為歷史名詞。

台肥在各地的工廠，諸如：基隆廠、南港廠、新竹廠、苗栗廠、高雄廠、花蓮廠，都有專用的鐵道或側線與台鐵路線相接。南港廠因南港經貿園區的開發而關閉，新竹廠也因道路的開闢而將把鐵路拆除，都將使台肥鐵道的版圖縮小不少。

台肥新竹廠。1995.洪致文／攝

基隆廠的鐵道長1.1公里，與台鐵基隆臨港線糾結在一起，因此有極為罕見的平面十字交叉鐵路存在。該線約建於民國40年，屬於這個舊稱台肥一廠（前身為台灣電化株式會社在1935年5月創立的基隆工場）的鐵道，還有幾乎同時完成的1.7公里蘇澳石礦支線。

現已不再行駛的台肥南港廠線，全長1.4公里，由其1.07公里處，又分歧出了400公尺的「木南煤礦線」。這樣由專用線再分歧出側線的情形，在一些原本就短小的工廠鐵道可能根本很難看見，不過台肥鐵道可說是台灣專用線的大戶之一，所以這種情況至為平常，

新竹廠、苗栗廠便都有「搭便車」的「側線中的側線」存在。

新竹廠的台肥鐵道將近有1公里，幹線貫穿廠區中央，並且分歧出許多倉庫線。它有兩輛民國50年代日本日立生產的四軸凸形調車機，非常引人注意。從它正線約0.9公里處，分歧有一條400公尺的新竹化工線（已拆除），末端跨過東勢街平交道後，還沿伸有一條中油線。這整條鐵路從新竹貨運站一直到中油線的終點，共長1.6公里，沿線均是工業區景觀，十分特殊。

台肥苗栗廠位於苗栗站的北上方向，共有全長2.3

台肥基隆廠。1990.4.洪致文／攝

台肥苗栗廠的德馬車。1993.1.賴德湘／攝

原屬台肥南港廠的日立製機車。1993.1.賴德湘／攝

台肥液氨罐車P20AT800型。洪致文／攝

台肥液氨罐車P20AT1100型。洪致文／攝

台肥硝酸罐車P35YT1000型。洪致文／攝

台肥硫酸罐車P30ST750型。洪致文／攝

從台肥新竹廠後門駛出的列車。1995.洪致文／攝

公里的專用鐵路通往廠區，並且在其1.27公里處分歧有一條400公尺的中油台灣油礦探勘總處灌裝場線，規模亦不小。其內的專用調車機很特殊，除了日立製的內燃機車外，還有一輛德製的小型德馬牌火車，可說是糖鐵德馬的好兄弟。

另外，從花蓮港站分歧出有一條1.6公里的台肥花蓮廠線；高雄第一臨港線上，苓雅寮車場與中島車場前三角線間的里程5公里前，亦有一條台肥高雄廠線。

在台鐵的貨運當中，台肥於「量」方面雖然不算多，但專用線的長度、自備貨車與調車機的種類，卻都非常多樣化。您在台鐵的路線上，常可看到一些塗有台肥標誌的液氨罐車、硝酸罐車，它們也都是台肥鐵道王國的一份子啊！雖然台肥鐵道已逐漸沒落，路線也越來越短，不過它曾有的輝煌卻不容抹殺。但是這些專用線的特殊風情，卻因外界往往無法接觸，而顯得神祕異常。或許以後這些專用線的所屬公司，可以在適當時機開放廠區，甚至以其專用的火車頭牽引客車載著民眾、鐵道迷入內參觀，必定能夠拉進這些工廠與民眾的距離。這樣的活動，在國外常常是一年一度的工廠盛事哪！

台肥新竹廠鐵道

台肥在新竹貨運站北上、山側的廠區，有條極有特色的專用鐵路通入其內。這條鐵路的主要大戶，毫無疑問的應就是台肥公司本身，不過在台鐵的定義中，卻是以終點的中國石油公司線來稱之。中油的這條新竹油庫線，全長有1.6公里，整個貫通台肥廠區。在它還未進入台肥廠內之前，會先通過一座跨線橋（其下為小馬路），橋上設有一座轉轍器，非常特別。

它向右分歧出，曲率半徑為100公尺，彎度極大。過去是通往硫黃堆積場、硫酸工場的側線，不過今天大部分的線路都已撤去，只留一股通往液氨儲槽的側線。

若進台肥廠大門後不像前述一般向右彎去，而繼續直走的話，便能見到一幢塗著虎紋斑的運輸課平房。通常，日立製的凸形內燃機車便會停放於此。這旁邊，

也就是中油線（以下簡稱「幹線」）0.677公里處，有一條分歧出的200公尺硫酸銨倉庫線。其路線旁的月台上，還留有當年載貨小平台車走的軌道。它雖然長度不長，但卻還有轉轍器呢！

幹線由此倉庫旁前行並繼續爬昇，到1.024公里處，也就是跨過東勢街平交道的牆外，很特殊地往回分歧出一條近400公尺的尿素倉庫線。這樣的廠內配線極為少見，廠內調車要開啓後門，還需顧慮轉轍器到中油大門間只能容七車。過去全盛時期，可還要分多次調車呢！

在這條幹線的0.907公里處，原本還分歧出有一條300公尺長的新竹化工實業公司線，不過現已因關廠而撤除。中油油庫線近來也極少有火車出入，整個路線的主角，其實就是台肥的火車。

這條鐵道在日據時代可能為了通往油庫而早就存在，但原屬台灣有機合成會社的台肥新竹廠，二次大戰期間興建時，因由日運送資材來台的船被炸沈，而始終未完工。光復後該廠又由台肥重新開始興建，約民國44年重舖鋼軌，部分路線亦在近年陸續抽換。早年還沒有台肥的自備調車機在行駛時，台鐵的DT580型蒸汽火車便常拉著貨車進來。民國50年代，台肥陸續購進了二輛凸形內燃機車，才自行到新竹貨運站把火車拉進來（中油、新竹化工支線，亦由台肥協助調車）。

這兩輛內燃機車，原廠形式編號為HG—35BB型，製番12762號的造於1964年，製番12956號的則造於1967年，都是日本日立公司的製品。其重量有35噸，若沒下雨，牽引噸數可達450公噸，最高速度為時速30公里(駕駛說狂飆的話可達40公里)，每輛裝有二具三菱6D22PT型引擎。它們的塗裝均為黃色，與台鐵的DH200型及日本國鐵DD13型的形態極為類似，不過較為古老。車身上的日立銘板，還有印刷體與草體兩種不同的版本呢！

台肥新竹廠從新竹貨運站旁分歧出。
1995.11.洪致文／攝

台肥新竹廠內風景。1995.洪致文／攝

從台肥廠後門繼續沿伸的油庫線。1995.洪致文／攝　　　新竹化工廠。1995.洪致文／攝

台肥新竹廠的機車頭

洪致文／攝

日立1964年造35噸級柴油機車。

日立1967年造35噸級柴油機車。

中油鐵道

嘉義分廠的機車庫。朱聖隆／攝

　　在國營事業當中，中油可說是個會下金蛋的金雞，因此它所屬的鐵道設備，狀況一般來說都不會太差。而在這些「中油鐵道」上運行的火車，更因為公司有錢，所以都「妝扮」得漂漂亮亮，是中油鐵道王國中，最最閃亮的明星。

　　中油在全省各地，其實有無數的專用側線或支線存在，不過大多數的油庫線因屬機密，而且長度亦不長，又沒有漂亮的火車明星在奔馳，因此在這就不多加介紹。其鐵道王國中，最引人注意的，其實就是林口線上分歧出的桃園煉油廠線、楠梓站分歧出的中油化學工業開發公司線、左營站分歧出的高雄煉油總廠線及北回歸線站分歧出，最有名的高雄煉油總廠嘉義分廠線了。

　　桃園煉油廠線於林口線上距桃園5.782公里處分歧，全長700公尺，從高速公路上，可以看見林口線通過該工廠旁的情景。

　　高雄煉油總廠線全長5.7公里（民國60年的紀錄是4.57公里），途中分歧出建台水泥公司線。民國76年9月著名的莒光號左營事故，便是這條由左營分叉出的鐵道上，一輛中油內燃機車跑到左營站內調車而發生的。這條建於民國40年的鐵道，如今已在1991年10月因為公路的開闢，會阻礙交通而停用後拆除，令人惋惜。民國60年的統計，這條線上除了有二輛內燃機車外，還有二輛蒸汽火車在運行。

　　民國77年12月1日起，高雄煉油廠的油罐火車作業，全部移交至民國73年10月才成立，距楠梓站相當近的橋頭油庫辦理。高雄煉油廠要以火車發送的油料，均先以輸油管送至橋頭油庫，再經電腦化管理的灌裝程序後，由這些滿載的油罐車將油料送至全省各油庫，高雄煉油廠則不再有火車出入。

　　這條由楠梓站分歧出到橋頭油庫的鐵道，在台鐵紀錄中是稱為中油化學工業開發公司線。它全長1.2公里，雖不算長，但是火車卻會讓鐵道迷感到驚艷。若您坐火車通過這附近，注意看其廠內鐵道的話，即可

中油從台鐵北回歸線站分歧出的支線風光。1994.11
洪致文／攝

中油高雄煉油廠嘉義分
廠線沿線風景。1994.11.
　洪致文／攝

見到一輛與台鐵DL2000型極類似的中型調車機，和外觀呈凸字形，美國Plymouth製，駕駛室在中間的漂亮火車。

它們之所以令人過目不忘，主要的原因即在於它那車身上的彩妝外衣。中油的CIS標誌，爲紅白藍三色組成，用到火車的塗裝上，下半身爲淺藍，上半身全爲雪白，中間綴上一條紅細線，與台鐵的火車就是不一樣。雖然台鐵的CIS也是紅白藍三色，但有一陣子各站的員工「搞不清楚狀況」，把藍色部分塗滿站牌，而用白色來寫站名，看了令人十分「噁心」，無怪乎還有台鐵員工自嘲那是得了AIDS而不是CIS。可見，CIS企業識別體的運用，如果搞不清原始的設計理念，一旦誤用，就眞的「很難看」了。中油與台鐵，便是個極佳的例子。

不過，楠梓的中油火車還不夠看，台鐵嘉義、水上間北回歸線站分歧出的高雄煉油總廠嘉義分廠線，才是中油鐵道最引人入勝的代表。

這條鐵路在日據時代便有，據傳該廠是生產日本戰機所要用的一種油料，所以戰火中更見其價值。光復後台鐵的紀錄，稱此線爲「嘉義溶劑廠線」，民國50年時，正線長4.528公里，側線長2.332公里，有專用的蒸汽火車一輛。1972年10月4日，改稱「高雄煉油總廠嘉義分廠線」。

這輛蒸汽火車至少到民國66年時都還健在，而且是不少嘉義鐵道迷都有的共同記憶焦點。它爲日本的汽車會社，在二次大戰時期製造的二軸蒸汽火車，自重有25.8公噸，爲日本製二動軸蒸汽車中的重量級之

作。它的形態，是屬於非常現代的設計，也是日本不少製鐵所都有購進的標準型機車。

根據日本的台灣鐵道研究家石川浩稔之考證，大戰期間台灣拓殖會社曾購進了兩輛這款車，製番分別是2182及2183，推斷即是後來中油的B-1及B-2兩輛蒸汽車。其原因很簡單，因爲嘉義的溶劑工場在日據時代正是屬於台拓會社——台拓化學株式會社所轄，光復後由中油接收，縱使名稱一再轉變，最後殘存的B-1，還是穿梭熱帶與亞熱帶間超過35個年頭！

如今，嘉義分廠的車庫中，當然已見不到它的身影，不過卻還有三輛柴油內燃機車現役中或被保存著。

其中最古老，由日本新潟鐵工在1961年製造的L形柴油機車，是輛編號1號的三軸火車頭。其三個動軸以連桿相接，類似阿里山林鐵的第一代黑色塗裝內燃機車，同屬舊式的設計。編號D-2的柴油車，則是與台泥竹東廠3號類似的日本日立製現代化機車。中油的這輛於1980年出廠，製番爲0206920，左營事故中報廢的中油機車，亦屬此型。

至於如今最常跑的一輛，則是編號D-3號，美國Plymouth公司製造的凸形四軸機車。它與楠梓站附近橋頭油庫的凸形機車爲相同的兄弟車，車頭前除了掛有一塊中油標誌的「招牌」外，車頂上的警示燈，還一閃一閃地像警車一般發出亮光，十分有趣。

也許，中油鐵道上雖不見台鐵一般常見的客車，但其多爲油罐車及專屬機車頭的風情，便是它與眾不同的特色！

中油的各式機車　　　　　　　　　　　　　　　　　（除了D-5號是在橋頭油庫攝，其餘均在嘉義分廠）

汽車會社製B-1號蒸汽車。
1977.4.古仁榮／攝

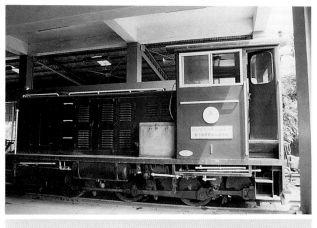

新潟製1號柴油車。朱聖隆／攝

日立製D-2號柴油車。朱聖隆／攝

美國PLYMOUTH製柴油車。洪致文／攝

軍 用 鐵 道

在太平洋戰爭時代,台灣曾出現許多的軍用鐵道,光復後迄今,鐵道依然有著國防上的重要地位。

在日據時代的台灣,曾有鐵道聯隊存在的記錄;光復後政府撤退來台的初期,也曾有向台鐵租用平車去改裝為砲車的記載。不過,正規的軍用鐵路運輸沿革,查得到的資料有:民國42年(1953年)時,聯勤總部運輸署下設有鐵運組,並有鐵運站、鐵道兵第二團……等單位。1960年7月1日,陸軍36鐵道運輸指揮部成立,轄有361及362鐵道營。1966年7月1日,陸軍供應司令部運輸署成立「陸軍48鐵道指揮部」。1974年的記錄,該部之下還有「陸軍481鐵道運輸營」;他們的成員配戴證件,得以自由進出台鐵站場。

如今,陸軍的這些單位都已裁併而不見,但在台鐵的路線上,您還是可看見不少載著軍用車輛的平車在運行;甚至,陸軍後勤司令部經理署,還有屬於他們自己的私有自備汽油罐車P30GT1500型與P23GT2000型(前者1981年1月1日入籍;後者可能為原屬台泥之P30L2000型二手車)呢!

路線方面,屬於陸軍的較著名軍用鐵道,有今已拆除的三張犁支線,與現役中鶯歌分歧出去,1985年9月18日啓用的2.5公里中興一號特種支線;集集線上

台鐵既有的路線,負擔了相當大部分的軍用運輸。
1990.7.洪致文／攝

將開往東港飛機場線的列車。1996.1.洪致文／攝

為了海軍左營基地的物資、兵員運輸,1954年完成此「桃子園火車貨運月台」,1980年停止鐵運,1992年改建為海軍陸戰隊退役舊裝備展示場「懷念的月台」。1995.8.洪致文／攝

新竹飛機場線。1994.洪致文／攝

中興二號特種支線。1991.6.洪致文／攝

高雄臨港線上的軍運列車。1993.8.洪致文／攝

鐵運的各式軍用車輛與物資。洪致文／攝

分歧出去，1986年9月4日啓用的0.5公里中興二號特種支線。

至於空軍，大概是所屬路線最多的軍種。因爲交通不發達的年代，機場的後勤補給有相當大的程度要靠火車，因此多有鐵道抵達。

像是松山飛機場線、新竹飛機場（日據時北台海軍航空隊本部）線、神岡線（與清泉崗連絡）、嘉義飛機場線(過去於早晚還曾加開通勤載客列車)、台南飛機場（日據時南台海軍航空隊本部）線、岡山飛機場線、屏東飛機場線、東港飛機場線（原爲水上機場、廢棄後改稱大鵬支線）……，都是航空與鐵道有著密切相連關係的地方。

其中，台南一地除了有一條通往飛機場的支線外，還有一條通往空軍後勤司令部的側線，該部保有自備的汽油罐車，用來搭載汽油；另外，由北迴線北埔站分歧出的中油線，亦是相當靠近佳山基地的鐵道，但不屬空軍所有。

軍用的鐵道，就如同大環境下鐵路的沒落一般，也是拆的拆，停駛的停駛，很多路線因台鐵及軍方都不願拿錢出來維修，而形同廢線（例如：嘉義飛機場線、新竹飛機場線）。這，或許就是台灣鐵道無法改變的宿命吧！

通往松山機場的鐵路

在早年，鐵路與機場的關係可說是非常的密切，一來初期可以用火車載運飛機場的施工建材，二來機場完工後亦可以此來做後勤補給的管道，所以台灣大多數機場的興建與營運，多與一條鐵路的繁盛興衰有著密切關係。

台北的松山機場於昭和9年（1934年）正式開始興工，伴隨的「飛機場支線」據信也應在此年代開始發揮其運輸功能。

這條鐵路是台北市除了淡水線、新店線兩條載客支線，以及過去通往現信義計劃區44兵工廠的三張犁支線（已拆）外，另一條老台北人或多或少知道的鐵路支線。

它從松山站往台北方向延伸而出，沿著撫遠街抵松山機場，全長1.5公里。二次大戰時期曾被破壞，光復後於民國35年1月開工整理軌道與枕木，2月4日完工，但於5月才重新又通車。

這條鐵路雖稱爲「飛機場支線」，但後期只到軍方的油庫。由於當時撫遠街兩側多屬違章建築，火車行駛其間非常困難，再加上後來油庫也移走了，所以這條鐵路不得不漸漸淡出它那曾經風光的舞台。民國69

停用的嘉義飛機場線。1994.11.洪致文／攝

過去到松山機場，亦有鐵路存在。1995.8.洪致文／攝

年8月，為了配合撫遠街的拓寬，終於先拆了1公里餘的軌道，其他的鐵路，也在之後陸續拆除，於今大概已沒幾個人記得它的存在。

如今在外國，飛機場往往離市區或鐵道……等大眾交通系統的幹線有一段距離，所以為了做好陸空交通的接駁，常建有通往機場的鐵路來運輸大量人潮。像日本的成田空港及關西空港便都有鐵路相接，並行駛特別設計的電車為國內外出入境人士服務。

我們台灣各地的飛機場，多有相接的現成鐵道可供台鐵開發。松山飛機場線雖然很不幸在1980年代初便壽終正寢，但尚存的飛機場線其實還有不少，如高雄臨港線可沿伸後通往小港機場，便值得台鐵與民航局協調將路線終點與機場大廈相連，方便民眾使用大眾交通工具前往機場。這樣的規劃，才是符合時代潮流的作為啊！

軍用鐵道之三張犁支線

在老台北人的心中，有幾條鐵路是沒有名氣，但或多或少讓人知道它的存在。「那條通過國父紀念館的鐵路」，就是這樣的一條支線。如今，鐵道雖已拆除多年，但沿線早年順著鐵路興建的大樓、公寓，仍能清楚地「指引」出當年的鐵道路基，成為台北都市發展上的一個「永久烙印」。

一般來說，提起這條鐵路「三張犁支線」的全名，恐怕沒幾個人知道；但若提到它會通過國父紀念館前，那麼就有不少老市民有印象了。

它全長有二點多公里，終點是現在信義計劃區內的原44兵工廠。火車從華山貨運站開出後，在後來延吉超市前分歧出去。此支線0.35公里處的延吉街、0.79公里處的忠孝東路、1.18公里處的光復南路及1.68公里處的基隆路平交道，均要將火車暫停，由隨車調車工下車「指揮交通」，「請汽車讓路」才能順利駛過。

這條三張犁支線最著名的一處，無疑地是通過國父紀念館的一段了。當年，只要站在國父紀念館的台階上，便能清楚看見火車緩緩駛過。其南北平交道兩端約50公尺處，均裝有警報機開關，火車駛達後由調車員下車開啟警報器，全列車通過後才關掉。

根據台鐵的運轉規章規定，在這條三張犁支線的分歧點處，還要設一個運轉室，由華山站站長派運轉副站長一名，擔任調車、收授路牌、辦理閉塞……等任務。這個運轉室裝設的電氣路牌閉塞器，用的是中央方形孔的第二種路牌。沒有它，就等於沒有鑰匙，是無法進入支線大門的。

三張犁支線的火車，通過忠孝東路四段的一景（注意這兩節貨車，那是15C7000型）。1987.古仁榮／攝

在大多數人的記憶裏，這條三張犁支線的行駛時間多為上午八、九點及下午四點左右，因此常常使得忠孝東路上的車陣大排長龍。如今，這條鐵路早已因兵工廠拆除而消失多年，但馬路上安全島的遺跡、廢鐵道改建成的停車場，以及順著舊有鐵路走向而建的樓房，都能讓人輕易懷想那個台北市地上還有許多鐵道的時代。今天，台北市區的鐵路幾乎全已地下化，年輕的一輩恐怕已難想像那火車與汽車「爭路」的「台北鐵道風情」了。

陸軍運輸兵學校鐵道

對於不少在陸軍當過兵的人來說，「上鐵皮」恐怕是相當有趣的經驗，而且其「技藝」，更是代代相傳下來的絕活。其實，上鐵皮不是什麼高超的「工業技術」，而是要把軍用車輛送上火車，並分別綁好的差事。

在國外，車輛的火車運輸早已進步到只要將車開上平台火車，以「特殊機關」扣住便完成了；但我國國軍，仍在使用傳統的繩子五花大綁法，連新加坡的

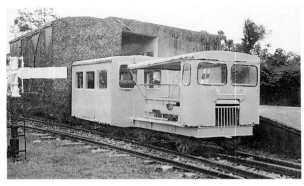

小巡道車與「二軸翻背椅客車」。洪致文／攝

陸軍運輸兵學校內的鐵道。1993.12.洪致文／攝

野戰用組合式滑道（上平車用）。洪致文／攝

部隊來台灣訓練時的上鐵皮鐵路運輸亦只得入境隨俗地照做。

　　陸軍位於土城的原運輸兵學校，由於是教學生運輸專長的學府，所以校園內除了擺了一輛台灣鐵工所造的374號糖鐵蒸汽火車外，還有一小段鐵路及數輛火車，用來訓練學生輪式車輛與履帶車輛的各式上鐵皮綁法。

　　雖然說，其短短的鐵道並不能有較逼眞的動態演練，不過它上面停放的兩輛平台車，已都是屬古董級的珍貴鐵道文化財。另一輛的15C7000型篷車，更是連台鐵自己都沒有留的「貴重車輛」。

　　對於軍方來說，可能只要有車讓阿兵哥學習如何在火車平台上綁軍車或坦克就行了，卻沒想到，竟意外幫台鐵保留了鐵道文化財──尤其是已被台鐵毀光了的老貨車。

　　然而話說回來，科技不斷在進步，如果軍車以火車運輸，還要這麼複雜的綁車子，那實在也太跟不上時代。或許，台鐵該和陸軍好好研究，如何增進效率以加快裝載速度，才能符合需求了。

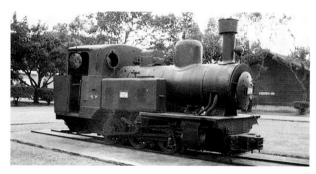

台糖374號蒸汽車。洪致文／攝

台灣木材防腐公司線

在台灣的鐵路專用線當中，調車機車是種類、形態最豐富的主角。位於新竹的台灣木材防腐公司線，目前雖早已成為陳跡，不過卻因為一輛有如「小孩子穿大人鞋」的老火車存在，而能「永垂不朽」，久久不會讓人遺忘。

台灣木材防腐公司成立於民國42年，因為是美援贊助設立的，因此成立當時據說曾轟動全新竹市，不少民眾都搶著要進這間公司，認為它應該福利較好、較有保障。

「木材防腐」這種行業，在民國四、五十年代是非常重要的「工業」，因為全省各地的鐵道，歷經二次大戰的戰火洗禮及那段物資缺乏的歲月，軌道狀況都已極差，因此亟待抽換軌條與枕木。鐵路要使用的枕木，都要經過注油……等的防腐過程，才能派上場，因此台灣木材防腐公司的設立，乃是時代需求下的產物。

這條位在新竹站與新竹貨運站間，靠近山側分歧出的「台灣木材防腐公司線」，全長有0.8公里，公司地

台灣木材防腐公司的KATO製內燃機車。洪致文／攝

點大約是在光復路路地下道旁，科學城保齡球館的位置。

從當年一張攝於開工典禮會場的相片中可以發現，該公司有2輛日本加藤製作所（KATO WORKS）製造的5噸小型內燃調車機存在。據日本的台灣鐵道研究者石川浩稔先生的調查，應係1952年7月製造出廠，製番27681與27682的二輛DL。

這型車與西部沿海的台鹽鐵道、東部山區的森林鐵道加藤製窄軌內燃機車外型極像。不過，這些窄軌路線上跑的均是762公厘軌距的同類型車，不會給人有很奇怪的感覺；但木材防腐公司的這車，車輪軌距卻向外「撐」到縱貫線的1067公厘，因此很容易給人「小孩子穿大人鞋」的印象。再加上它車身較低，為了與台鐵相形之下極大的貨車連接在一起，不得不做個架子裝上又大又突兀的自動連結器，造形也就更怪了。

這兩輛的其中一輛在民國80年代初還一直被丟棄在科學城保齡球館外的停車場旁，雖吸引不少火車迷注意，甚至有日本鐵道迷還表示這樣的加工改造「怪車」實在少見，但它還是不敵歲月無情的摧殘，滿身凹洞並銹痕斑斑地露天棄置任由風雨吹打。

好在民國八十三年下半年時，這輛車被搬到光復路旁的世界工商職業學校，並經汽車修護科重新整修及上漆，稍稍恢復了當年的舊觀，也為在台灣鐵道史上，驚鴻一瞥就消失的台灣木材防腐公司專用線留下了一個歷史的見證。畢竟，台灣鐵道中，台鐵與糖鐵這兩家路線最長的「大戶」，多改以水泥枕來替代壽命短又不易保養的木枕，木材防腐不成為夕陽工業實在也很難。但值得慶幸的是，這輛加藤製的奇怪內燃機車能夠保存下來，就已經非常難得了，不是嗎？

頭份工業區鐵道

　　縱貫鐵路的山海線分歧點在竹南，相信是很多人都知道的事；而竹南更因有此交通之便，所以能夠持續地繁榮下去。不過，就在竹南旁邊的頭份，卻就沒有這麼幸運設有火車站(好在高速公路通過頭份)，但頭份並非因此便看不到火車的蹤影。一條由竹南分歧出，通往頭份工業區的專用支線，便彌補了頭份鎮上沒有火車站的遺憾。

　　這條由竹南往頭份工業區的專用線鐵道，從後站方向彎出。最早完成的路線，是2.2公里長的中國人造纖維公司線，大約民國44年7月便通車。接著，在該線約1公里（997公尺）處又分歧了一條華夏海灣塑膠公司線(約民國54年完成)，末端距竹南站1197公尺。民國60年代，從華夏線的末端，又分歧了200公尺的中化公司線及400公尺的台灣氯乙烯工業公司線，構成了整個頭份鐵道的脈絡。

　　這條鐵路常見的行駛時間，大多在早上七、八點及午後一兩點，跑的幾乎全是專門裝化學原料的罐車。而它的行進方式，常是火車頭在後面的倒推形態；等到貨車送入廠區後，再抬頭挺胸地拉著火車出來。據現場調車員工表示：這是因為支線內的路線不長也不夠，不方便火車頭調頭，因此只好這樣運轉。

　　也就因為這個因素，當火車倒著開時速度要很慢，因為火車駕駛不容易看見前面的路況啊！不過，在最前端的貨車上，都會有至少兩名的調車工在幫駕駛員「看路」，並且遇到平交道便跳下車按平交道開關兼指揮交通，等火車通過了之後才又跳上車繼續前進。所以，遇到平交道要「停車再開」，幾乎是專用線上火車行駛的準則；這條支線上的幾個重要平交道，台鐵也

頭份工業區內的工業用鐵道。1994.洪致文／攝

華夏海灣從日本買入的二手車。1996.2.洪致文／攝

往頭份工業區的鐵道風光。1994.洪致文／攝

在規章上規定必需插上紅底白字的「停車再開」標誌呢!

　　這一條專用線上雖沒有特別的調車機車令人驚艷,不過華夏海灣塑膠卻有二輛氯乙烯化學罐車極爲特別,而且是在鐵道界中被視爲「稀有動物」的少數品種。它的編號爲P30VT1051與1052號,轉向架的外觀非常特別,類似一個「凹」字形,並裝有避震的錨桿,可說是台灣鐵道上,行走裝置最先進的一款貨車。然而,這輛車卻是日本進口的「中古車」,一塊寫著「昭和54年川崎車輛製造」的銘板,說明了它的年紀;車身上凸起的五對螺絲釘,正是日本鐵路規定罐車懸掛銘牌的位置,台鐵車輛專家童振疆就幾乎百分之九十

肯定;這兩輛車應該確曾在日本的鐵道上奔馳過!

　　據觀察,要目睹這兩輛車的最佳地點,不是新竹貨運站及竹南,就是高雄臨港線或林口線。筆者第一次親眼看見它,便是在高雄臨港線上,因爲華夏海灣塑膠公司,在臨港線上還有一條200公尺長的專用側線呢!

　　如今,頭份工業區內的鐵路,中國人造纖維的部分已拆除,所以只剩華夏線這邊仍在行駛。而華夏與台灣氯乙稀公司的罐車,又常互通使用(據傳還有互換公司名),因此車籍上的混亂,便成爲鐵道迷「研究」的一個重點。也許,這些「另類鐵道」,還是有其迷人之處吧!

台 電 鐵 道

自從西部幹線電氣化完成之後，火車與電的關係就更加密切。然而，日據時代由電力會社興建（像是集集線，便是台電所建，而後才為總督府收買），或光復後由台電所使用的專用支線，卻依然都是鐵道迷有興趣的「台電鐵道」。

1930年10月時，台灣電力株式會社的松山發電所，舖設了一條長度不詳的電氣化鐵道。這條線上有一輛專屬的二軸凸形電氣機關車在運轉，總重10噸，集電弓置於駕駛室之上，極為小巧可愛。光復後台鐵的紀錄，松山附近與電力公司有關的台電鐵道一共有兩條，一為0.2公里的松山電力工廠線，另一則為1.3公里的

松山發電所線。雖然日據時代和光復的紀錄中，都有松山發電所的鐵道記載，不過台鐵留存的資料稱松山發電所線完成於民國49年，似乎與早年的電氣化鐵道有所不同，要不然就是曾被拆除，而後才在1960年時重建完成。

如今台電仍在運作的鐵道，多與火力發電廠的煤運輸有關，最著名的林口線（通往林口發電廠）、深澳線（通往深澳發電廠）及高雄臨港線上的南部火力發電廠線（現已停用）便屬此類。

林口線全長桃園到林口站有18.4公里，再往內沿伸有約700公尺的林口火力發電廠線。其廠內有美國風

台電深澳電廠旁的鐵道。1990.4.洪致文／攝

深澳電廠的鐵道風光。1995.11.洪致文／攝

深澳電廠的火車，專司運煤列車調度。1996.2.洪致文
／攝

格的凸形調車機，編號1號，塗裝爲黃色，與廢棄在板橋，原南部火力發電廠的美國GE製調車機很相似，不過林口那輛轉向架上裝有連桿，兩者外型上有小差異。另外，林口廠內還有1輛1980年日立製的柴油車L-2號，其原屬中油所有，編號D-3。

深澳線完工後雖然不曾大紅大紫，隨即於民國78年8月20日停駛客運，但它的貨運列車依舊行駛，因爲台電的深澳火力發電廠需要它來載運燃煤，所以僅管深澳之後的鐵道已拆個精光，瑞芳到深澳發電廠的煤車仍不辭辛苦地來回奔馳。

深澳火力發電廠線由台鐵深澳線分歧出，長約600公尺。整個台電在深澳火力發電廠旁，屬於台電北部煤場的軌道分佈，呈現了一個大圓弧形。路線末端，是停放火車頭的機車庫。軌道的旁邊，盡是成堆的煤山，與海線的龍井儲煤場風光相仿。

其實，台鐵在龍井的儲煤場，最大客戶乃是台電；因此，在其線路上您可找到三輛屬於台電中部煤場的調車機車，其中有兩輛還可確定原本曾服務於林口發

林口電廠內的鐵道。1996.2.洪致文／攝

林口電廠的鐵道大門。1993.6.洪致文／攝

台電的關結式機車。1994.洪致文／攝

電廠（包括那輛「關結式」柴油車）。所以，即使光復後的台電，自己發電卻不用電力機車，但其專用火車及側線的風貌，還是挺迷人的呢！

台灣少見的「關結式」火車頭

在台鐵路線上跑的火車頭，種類其實已經非常多；不過若再加上一些工廠、專用線上自用的機車頭，當真會令人眼花撩亂、目不暇給。而在這衆多火車頭之中，堪稱怪車之一的台電L-3號柴油機車，則是最令人驚艷，全台少見的「關結式」火車頭。

這輛長期停放在台鐵龍井儲煤場的奇怪火車，原本是在台電林口發電廠內運轉，由德國SCHOMA於1986年所製造的火車頭。

它最誇張的設計，是它的車身從中間一分為二，而以關結永久連接。過去蒸汽火車時代，較大型的「黑頭仔」後面也常會掛一節半永久相接的煤水車，不過這輛煤水車並無動力，不像台電這輛車頭連沒有駕駛

室的一半都還能跑。

這輛台電的關結式火車，以關結連接的左右兩半，各有二個動軸，並裝設二具325HP的引擎，牽引力還不差。內灣線九讚頭旁亞泥廠的員工曾表示，他們過去在買火車頭時，德國的廠商就曾建議他們去林口看看這輛機車。不過後來，亞泥用不著這麼大的火車，所以他們買了一輛類似的三軸柴油車頭。這輛亞泥編號5號的火車，長得其實和台電的關結車頭很像，然而差就差在外型小了一號，好似從關結處一切為二，只留有駕駛室的一半並再加上一個車軸。所以，這兩輛由德國遠渡重洋而來的兄弟火車，雖然不少車體結構都相同，但體型還是有所差異。

這輛台電的關結車頭，在外國其實稱不上是怪車，因為這樣的設計其實是大出力機車頭的「常態」。不過鐵道舞台一搬到台灣來，卻就成為十足的怪胎。然而很可惜的是：這輛車很少在動，即使行駛，也只在龍井儲煤場的線路上行走。所以，如果您要瞧瞧它的風采，恐怕只有勞駕自個兒到龍井去看它才能見得著了。

台電的調車機車   洪致文／攝

德國SCHOMA於1986年製的關
結式機車（屬中部煤場）

1974年美國Plymouth製60噸級
機車（北部煤場）

1985年英國Thomas Hill製機車（北部煤場）

1966年深澳電廠引進的美國GE製機車（相片台電提供）   林口電廠的GE製機車

北晟重機製DL（龍井儲煤場）

日本日立1980年製柴油機車（林口電廠）

原屬南部火力電廠的GE製機車

磚 廠 鐵 道

在早年的「鐵道王國」台灣，專用鐵道的種類極多，磚廠鐵道亦是其中較少為人知的鐵路之一。

過去傳統的八卦窯，通常都有環繞一圈的台車道在每個窯口，並且通往曬磚場、堆積場。這種舊式磚窯鐵道的景觀，如今已不多見，連遺跡都非常難尋，以往基隆河畔規模極大的磚窯鐵道，至今都已成陳跡，甚至連相片紀錄都難以找尋。

不過，在台一線後龍觀光運河一帶的公路旁，還是有一些現代化的磚廠鐵道在運行。這些磚廠通常有許多股平行的路線，有的連接窯口，有的緊靠裝載場。它那兩軸的台車軌距極寬，完全以手推來運行，不過平行路線的轉線，用的不是道岔轉轍器，而是用一輛兩軸的電力遷車台來運作，相當有特色。

這個遷車台的外形像極了一輛動力小台車，它的

磚廠的「電力機車」。1994.洪致文／攝

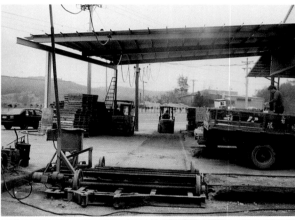

398

電力來源，是從頂上牽的一條電線而來。它雖有一根長長的桿子類似集電弓，不過它並不以此導電，而是透過它來「牽電線」，十分特殊。

磚廠的這些小台車道，台車與台車之間並無聯結器，而且受限於遷車台一次只能駛上一輛台車的限制，所以都是單節運轉，無法看到一整列的壯觀畫面。不過，當一車車載滿磚塊的台車靠在一起等待裝上卡車運走的情景，不也十分特別？在台鐵的專用側線紀錄中，嘉義站分歧出有一條400公尺長的「嘉義磚廠線」，似乎除了它之外，大多數的磚廠即使要靠小台車運送磚塊出窰，不過後續的運輸多以公路少經鐵路，這或許亦是磚廠鐵路的特色之一。

基本上來說，製磚工業真的已是個沒落的行業，磚窰、磚廠也一家家地關閉。新竹食品路旁的一座老八卦窰，早年的台車道據說還有小火車頭呢！不過卻在民國84年初，爲了當做民藝華會的停車場而遭拆除。如今在台一線後龍一帶仍在運作的新式磚廠鐵道，究竟還能撐多久呢？

磚廠鐵道的風光。1994.洪致文／攝

唐榮新豐廠線

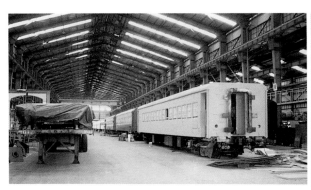

唐榮新豐廠正在製作改造復興號。洪致文／攝

10400系列新莒光號駛出唐榮新豐廠。
1994.12.洪致文／攝

　　唐榮位於台鐵新豐站附近的新豐廠線，全長有900公尺，於1974年10月15日啓用，是台鐵不少委由唐榮製造的火車，「出生」後第一次走的路線。

　　這條由新豐站北分歧出的專用側線，一度曾爲了配合捷運淡水線列車的組裝需要，而在原1067公厘寬的鐵道外側，又加舖了一條鋼軌，使之成爲1435公厘的標準軌軌距。

　　而它與其他多數專用線還有一個不同點，那即是它直到廠內都還有電氣化，方便電力機車行駛。

　　每當台鐵委由唐榮更新或製造的客車要出廠，新豐站勢必會有一些火車迷在此等待新車的第一次上路。一般來說，新車通常會先拖到新竹站或新竹貨運站，才調頭北上南港調車場。這些車在未來，也許都有機會跑遍全省各地，不過它們第一次行走的路線，卻都是這條唐榮新豐廠線啊！

水 泥 廠 鐵 道

在如今已逐漸式微的鐵路貨運當中，水泥的運輸，無疑是台鐵貨運的大戶。各水泥廠不只有自備的各種水泥車、石礦車，礦場的鐵道旁往往還有自用的調車機車，十足地異樣風情。

台灣的水泥工業濫觴於大正6年（1917年）淺野水泥會社（1915年組成）在高雄鼓山完成的水泥廠。日據時代的紀錄當中，並無散裝的水泥車在籍。現在的許多代號CH之水泥運輸車，都是光復後才有的車輛。

由於水泥的運量極大，並且屬於一種特殊、專門的運輸，因此台鐵的水泥運輸政策，乃是要求各水泥廠自備水泥車，而台鐵只負責牽引的行車事宜，所以台鐵線上雖有無數水泥列車——甚至水泥專列在奔馳，卻沒有一輛水泥車是屬於台鐵的「局有貨車」。

在台鐵的統計當中，台灣水泥、幸福水泥、嘉新水泥、亞洲水泥、信大水泥及中國力霸公司，都是頗有規模，還接有專用側線，並有自備貨車的水泥公司；埔心的永康水泥、大湖的環球水泥、左營站北的建台水泥及東南水泥，則沒有自備貨車，但卻有專用側線直駛入廠區。

若我們以鐵道專用側線數量，及自備貨車種類來分析，則可發現台泥、亞泥及幸福水泥是水泥鐵路運輸的大戶。它們不只有裝載散裝水泥的自備貨車，還有運送石灰石的石礦車；在礦場、工廠的鐵道路線上，甚至還有自家使用的火車頭，只牽引自己的火車呢！

由於水泥列車或石礦列車的噸數及輛數都極大，因此這些水泥廠的專用調車機車都屬十分大型者，與台鐵車站內北晟重機製造的小柴油車「體型」差異很多，更格外引人目光。

然而水泥工業在今天看來，雖對各項建設工程有很大的幫助，不過卻屬高污染的工業，挖採石灰石更是「販賣國土」的一種行為。所以西部的礦場採礦權到期後，可能會終止開採而陸續關閉，鐵路的水泥運輸也將漸漸沒落。不過在近期內，北迴線上幾個依賴水泥廠而生的火車站，仍將是台鐵極重要的貨運衣食父母。在可見的未來，水泥列車仍將是台鐵路線貨運舞台上的主角呢！

行駛到雙溪站外的水泥專列。洪致文／攝

台泥鐵道

　　成立於民國39年（1950年）12月的台灣水泥公司，是寶島台灣最大的水泥「大戶」。它不只工廠數量最多，自備貨車、專用側線的規模亦最大，可說是台灣水泥鐵道的代表。

　　台泥公司在成立之初，是國省合營之公營事業，由高雄、竹東及蘇澳三水泥廠合併而成。民國43年政府實施「耕者有其田」政策，有計劃地釋出股票並移轉民營。如今，台泥的大老板，乃是台灣近代史上極重要的辜家——辜振甫所掌管，一直居水泥業的龍頭地位。

　　台泥在台鐵全線各地現存或曾有的專用側線、支線極多，包含了松山站掌管的台北水泥製品廠線（0.9km）、林口線10.6公里處分歧的台北製品廠桃園廠線（0.4km）及鼓山線（0.9km）、蘇澳線（1.3km）、永春線（1.5km）、竹東線（1.2km）、永樂線（0.6km）、和平石礦線（0.5km）、花蓮廠線（2.1km）……。

　　其中，日據時代並未完工的蘇澳廠線，當可說是台泥鐵道中的精華。這條專用線從蘇澳站旁分歧出，在跨過平交道隨即來個S形彎道，在0.358km處向左又分歧出全長1.5公里之永春線（採礦用）；若不向左拐出而繼續直行，則在過了白米橋後便可進入台泥蘇澳廠廠區。

　　台泥在蘇澳地區的這兩條鐵道，於分歧點的附近，共立有三根臂幕式號誌機，用來管制列車的進出。分叉點處的鐵道中間，還夾有一幢類似三明治的房子，非常有意思。

　　若我們從空中鳥瞰這些鐵道，則可很容易發現，宜蘭線、北迴線及永春線正好形成一個大三角形，只是北迴線及永春線的水平差距極大，而自然無法接軌。如今永春線已拆除，改以纜車與蘇澳廠連絡，而卡車的公路運輸，亦是方法之一。

　　早年永春線還有在運行時，其412公尺處還分歧有一條立祥工業公司線。不過，立祥線的調車事宜，依照台鐵的規章規定，是由台鐵的機車頭擔任，不似台

台泥蘇澳廠。1995.3.洪致文／攝

台泥蘇澳廠的永春線。1993.4.洪致文／攝

永春線風光。1995.6.洪致文／攝

泥蘇澳廠線、永春線，是由台泥自己的火車頭來牽引。

據台泥蘇澳廠的員工表示：大約在民國68年之前，廠內仍使用蒸汽火車調車，工廠裏面連煤台、水鶴……等設備都一應俱全。民國68年45噸級的日立製柴油機車購入後，老火車便功成身退。

該廠的2號與3號，是比利時Cockerill製的三軸柴油車，現在在北迴線永春、永樂站間的台泥永樂線行駛。目前該線還有一輛1994年美國Brookville造的6號四軸凸形柴油機車在運轉。該車（原廠編號7926）的造型頗似玩具，車上的警鐘更是可愛。

這條永春線最主要的功用，是要把和平運來的石灰石礦送到卸石場裝入纜車，再運至蘇澳廠生產水泥。因此只要工廠有開工，這裏的火車便不能休息。

台泥蘇澳廠除了這幾輛車外，還有一輛25噸級L型的4號機車，以及45噸級的新潟製5號凸形柴油機關車，肩負著龐大的廠內鐵路運輸。

而台泥在和平的礦場，則可說是蘇澳廠最主要的礦源。台泥從民國63年開始經營和平礦區，民國69年成立和平石礦，開採石灰石，並配合北迴鐵路的開通，供應蘇澳廠的原料所需。該礦推定礦量有50億公噸（已確定者有13億公噸），預估可開採370年！

和平石礦線全長500公尺，現有日本新潟1979年製的L形柴油機車及1990年製的凸形四軸柴油機車各一輛。1994年該礦又添購了一輛與蘇澳廠六號同型的美國Brookville製，原廠編號BM-8型（出廠序號7925）的凸形柴油機關車，可說陣容堅強，不愧為台泥最主要的石灰石產地。

至於在高雄的鼓山線（往高雄廠），亦是頗有歷史的水泥鐵道。早期該廠有二輛蒸汽火車，民國55年度報廢一輛，並購入二輛內燃機車；民國57年度則剩一輛內燃機車，民國六○年代的統計即一直都是如此。該廠的鐵道是從鼓山站分歧出，以往雖是水泥車常出入之線，但到1995年的今天，卻變成台泥關係企業「台灣士敏公司」高雄機械廠自製台泥公司自備貨車首度駛出的路線。原有載水泥的功能，已因西部石灰石礦的停採政策，而漸漸失去。

台泥和平石礦線風光。1995.6.洪致文／攝

台泥在高雄的鼓山線。1995.9.洪致文／攝

從台泥竹東廠駛進竹東站的火車。1995.5.洪致文／攝

　　另外，台泥位於竹東的水泥廠，也是本省歷史悠久的三大水泥廠之一。它的存在，可說是台鐵內灣線能夠一直持續營運到今天的一個重要因素，因為內灣線正是靠水泥貨運的營收獲利在支持客運的啊！

　　台泥竹東廠的工廠側線由竹東站往內灣方向分歧出去，全長1.2公里，在台鐵的紀錄上，係完成於民國37年。台泥這個廠的前身，係1943年台灣石灰石礦業會社獲准開採赤柯山之石礦時所要設立的工廠。無奈二次大戰期間，設備被炸而並未開工。目前該廠生產水泥的石灰石原料來源，一共有二處，一個是東部北迴線上的和平石礦，一個是內灣線合興站往山區內沿伸的赤柯山礦脈。

　　該廠早年有2輛蒸汽火車在行駛，1965年度報廢了1輛，並首度購入一輛柴油機車(應為1號)。1976年度時，該廠又增加了1輛柴油機車，僅存的一輛蒸汽火車仍健在，1977～1978年間才消失。1995年時該廠有兩輛現役的工廠私有調車機車(一號已停用)，均為凸形的四軸柴油動力火車頭，不過廠牌不同，形狀差異極大。

　　編號三號的60噸級機車，是日本日立公司所生產，曾經鏽蝕得彷彿要「酥」掉了，不過後來重新塗裝，又恢復往日風采。

　　編號五號的柴油機車，則是美國俄亥俄州的Plymouth牌美式凸形車頭。其車身的構型，與日本製的調車機有相當大的差別。一般來講，日本製的調車車頭體形較小，而歐美製的依比例來看就較大，令人有1435公厘軌距車身的火車，裝上1067公厘軌距轉向架的印象。

　　台泥竹東廠是該公司台中以北相當重要的產銷分配重鎮，其製造水泥的石灰石原料，早期均是由合興往深山內沿伸的赤柯山礦區所送出。這個礦區所出產的石灰石，其實不只台泥在開採，九讚頭旁的亞泥原料來源亦是此礦。只不過亞泥直接用索道送石礦入廠，台泥則以單線索道送至合興站，再由台鐵的火車頭把石灰石礦車牽引到竹東生產。所以，合興到竹東間的貨物運輸格外頻繁，亦是內灣線貨運收入頗豐的「黃金線」。

　　台泥竹東廠的火車貨運，除了上述的區間外，東

部和平運來的石灰石原料，以及由竹東運出的散裝水泥貨列，亦是該廠火車運輸的重點。如果沒有台泥竹東廠的存在，台鐵的貨運收入可就要減少許多呢！

依據台鐵1993年的統計，全年的石灰石承運量為550多萬噸，光台泥合興運至竹東廠就有近120萬噸，若再加上和平送至蘇澳廠的270萬噸，共占了全部石灰石運量的70％。難怪台泥還肯出資購買新的R190型的柴電機車給台鐵率引水泥或石灰石專列。因為這些運程短，台泥又有自備貨車、專用支線的運輸，成本未必較卡車昂貴且費時，因此台泥的這種投資，其實還蠻劃算的呢！

從台泥士敏廠製造出的新車。1995.9.洪致文／攝

台泥的各式火車

洪致文／攝

R190型柴電機車是台泥出資買給台鐵率引水泥專列的機車。

1979年新潟製機車（和平石礦）童振疆／攝

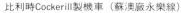

比利時Cockerill製機車（蘇澳廠永樂線）

1990年新潟製機車
（和平石礦）

美國Brookville製機車
（和平石礦）

美國Brookville製機車
（蘇澳廠永樂線）

日立製60噸機車
（竹東廠）

台泥散裝水泥車
（P30CH300型）

台泥石灰石運輸車
（P35BH1000型）

台泥石灰石運輸車
（P35BH1300型）

台泥石灰石運輸車
（P35BH1400型）

亞泥鐵道

　　亞洲水泥公司成立於民國46年3月,其在台鐵線路旁的專用側線並不多,只有內灣線的九讚頭廠線(400公尺)、花蓮廠線(1公里,位於新城)及花蓮港的專用碼頭線(500公尺)三條而已。

　　其運輸型態在鐵路方面,著重於散裝水泥的輸出,以及生產水泥所需的燃料用煤,石灰石原料全未使用火車來運送。

　　位於新城的花蓮廠,與北迴鐵路的發展息息相關。民國64年7月26日,為了配合該廠,新城經北埔到花蓮港的南段北迴線率先通車,為東線這麼多年來,第一次有「大火車」行駛。民國65年度,它就有將近13萬噸的貨運業績。不過,這段最早通車可直接由北迴線轉入花蓮港線的鐵道後來被拆除,造成散裝水泥車要先進花蓮站再北上轉入港區,十分麻煩。1995年中,北迴線雙軌化的工程,又重新把這段鐵路復活,使得火車如今可以直駛入港。

　　新城的亞泥花蓮廠內,有1980年日本日立製的凸形四軸柴油機車一輛,與中鋼鐵道的機關車外形幾乎完全相同。另外,還有美國Plymouth公司所製造的凸形四軸柴油車一輛,與日立製的機車一樣,行駛於新城站與廠區之間。

　　這條一公里長的亞泥鐵道,其實整個路線就是個近乎半圓形的大彎道。在進入廠區之前,有一個裝有感應器的自動平交道,提醒來往車輛。而更令人驚訝的是:它連火車進出的大門,還是不需用人力就可開關的自動門呢!

亞泥九讚頭廠鐵道風光。1994.6.洪致文/攝

亞泥在新城的花蓮廠線風景。1995.6.洪致文／攝

亞泥散裝水泥車在車端面也寫有車號。
1996.2.洪致文／攝

花蓮港的亞泥碼頭。1993.4.洪致文／攝

亞泥在花蓮港的碼頭。1995.6.洪致文／攝

亞泥除了這條往新城的鐵道外，內灣線旁的九讚頭廠也是一大鐵路重鎮。

內灣線上的水泥貨運第一大戶雖是台泥竹東廠，不過亞泥亦是主要的貨運客戶之一。然而，如果您仔細研究一下該廠依靠鐵路運輸的貨種，則會發現它和台泥竹東廠有很大的不同。

台泥竹東廠的石灰石原料完全依靠內灣線的鐵路由合興站送來，水泥成品亦有部份以鐵路散裝運出；但亞泥九讚頭廠的石灰石原料全由雙線索道由礦區送達，散裝水泥成品亦全由公路運出，僅生產時做為燃料的煤是藉火車送達的（一般均由海線的龍井儲煤場送來），因此其依靠鐵路輸送的比例較低。

不過，該廠亦有一輛風味獨特的三軸德製柴油機車，專門從事九讚頭站到水泥廠間約400公尺長專用線的調車工作。這輛德國SCHOMA廠製造的風格獨特小火車，最高速度只有時速15公里，但牽引噸數卻可達600噸，它的工作性質與運轉要求，從這裏便可清楚瞭解。

亞泥的各式火車

洪致文／攝

1980年日立製機車
（花蓮廠）

德國SCHOMA製機車
（九讚頭廠）

散裝水泥車P35CH2000型

散裝水泥車P30CH400型

散裝水泥車P35CH2100型

信 大 水 泥 鐵 道

　　信大水泥公司成立於民國53年3月，旗下的鐵道共有2條，分別是七堵儲運中心線（600公尺）及蘇澳新站信大石礦線（500公尺），規模並不算大。不過，它所購入的專用調車機，種類卻相當多樣化。

　　像是位於台鐵七堵機務段旁的儲運中心線，就有一輛與北晟或協三製調車機相較，駕駛室特大的二軸怪車。路線終端停著的一輛美國Plymouth牌的二軸機車則更怪。它的車高極低，整個方方正正的形態，就像是礦場所使用的車輛，如今居然裝上自動連結器來牽引散裝水泥車，相當少見。要不是它的外觀相當有現代感，還真會讓人連想到以前新竹木材防腐公司的日本加藤製小調車機呢！

　　信大水泥在蘇澳新站的工廠，就在台鐵車站的斜對面。專用側線由站內分歧出，繞個大彎通過平交道，便直接進廠區。其廠內共有兩輛大型的調車機，一輛是日本新潟製，一輛是美國Plymouth製，均為四軸的凸形柴油車。這兩款車對鐵道迷來說應不陌生，其他水泥廠亦曾購入，所以在此不予重述。

　　由於信大水泥的門禁森嚴，所以鐵道迷多無法進入廠內參觀，只能以長鏡頭「偷窺」，或等它駛到蘇澳新站時再仔細觀察。

信大在七堵的專用線。洪致文／攝

信大水泥在蘇澳新站旁的廠區與鐵道。
1995.3.洪致文／攝

信大的Plymouth製機車駛進蘇澳新站。
1995.6.洪致文／攝

信大水泥的各式火車

洪致文／攝

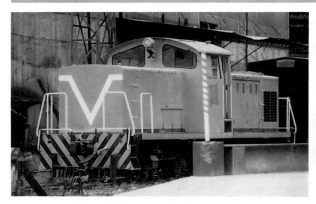

日本新潟製機車（蘇澳新站旁）

在七堵的二軸小調車機。

美國Plymouth製的小型二軸機車（七堵）

信大散裝水泥車P35CH2200型

信大散裝水泥車P35CH2700型

力霸在七堵的儲運中心。1995.3.洪致文／攝

力霸在多山站附近的廠區所使用之Plymouth製機車。
1995.6.洪致文／攝

中國力霸公司水泥鐵道

中國力霸公司成立於民國48年1月，下轄的鐵道只有兩條，一是七堵水泥儲運中心線（200公尺），一是多山水泥廠線（3.2公里），規模類似於信大水泥。

它在七堵的專用線並無自備的調車機存在，而多山廠則有兩輛在行駛。

該公司由宜蘭線多山站分歧出的專用鐵道，長度3.2公里，算是相當長的支線。台鐵的紀錄中，該線建於民國65年6月，歷史並不太長。

據觀察，該線相當早就一直在使用一輛外觀十分奇特的美國Plymouth牌三軸內燃機車。1995年前後，該公司又購入了一輛與東澳幸福水泥六號相同的Henslet Hudson廠製內燃機車，增添另種鐵道風情。由於它的廠區距離多山站有段距離，因此並不方便接近，在多山站等它的火車出來，似乎是較可行的觀察方式。

力霸水泥的散裝水泥車P35CH2000型。洪致文／攝

力霸水泥的散裝水泥車P35CH2300型。洪致文／攝

幸福水泥和仁石礦線風光。1995.6.洪致文／攝

幸福水泥鐵道

幸福水泥成立於民國63年5月，其水泥鐵道的運輸規模，是僅次於台泥的第二名。1993年的台鐵統計中指出：該公司由和仁送至東澳的石灰石礦即達一百四十七萬噸，與台泥的運量相加後，便超過石灰石總運量的百分之九十六。

該公司與台鐵相接的專用線有三條，分別為中和站旁的200公尺側線（已停駛）、和仁石礦線（600公尺）及東澳廠線（1公里）。如今主要的貨運輸送，是把和仁採集的石灰石礦以火車載至東澳的水泥廠製造水泥，因此這段區間的石灰石運輸可謂十分繁忙。

在一出台鐵和仁車站的左前方，即可看見二軸的「幸福一號」機車頭。端看其外觀，很容易就會讓人誤認為是北晟重機（PHM）的製品。不過在核對製造銘板後，赫然發現：竟是台中市特通工業公司製造的調車機。

另外，該線還曾有北晟重機所製造的「幸福三號」調車機。該車車身上寫著最大牽引力350公噸，最高速度每小時15公里，與台鐵車站邊常見的DL2000型沒多大差別。同樣的機車，據觀察，在東澳的幸福廠區內亦有在行駛。

其實，幸福水泥的鐵道精華，是在北迴線東澳站。它那由廠區彎出的三線大彎道，配上長長的貨物列車，異常狀觀。

這條線上的主角，應是Henslet Hudson所製造的幸福六號柴油機車。它在行駛之時，相當會冒黑煙，彷彿又回到蒸汽火車的時代。它的最大牽引力有600公

頓，最高速度每小時18公里，有兩個造型奇特的二軸
轉向架。宜蘭線上多山分歧出的力霸水泥，也有一輛
完全相同的兄弟車在行駛。不過相較之下，東澳的這
輛幸福六號，出現在「觀衆」面前的曝光率較高，甚
至已成爲東澳站的特色之一呢！

　　幸福水泥除了這些專用調車機吸引鐵道迷注意
外，它的自備貨車也是一大重點。

　　其他水泥廠也有的石灰石運輸車（BH）、散裝水
泥車（CH）它當然少不了，不過它還有一種全台僅見
的水泥罐車P30CHT100型，西部的火車迷大概有不
少仍未見過。因爲，它只在東部地區使用啊！

幸福水泥在東澳的水泥廠機車，常會駛入台鐵車站
內。1995.6.洪致文／攝

幸福水泥的各式火車

洪致文／攝

特通工業製的「幸福1號」。

Henslet Hudson製的「幸福6號」

幸福水泥散裝水泥車
P35CH2200型。

幸福水泥的水泥罐車P30CHT100型

幸福水泥的水泥罐車P30CHT100型
（車架不同）

幸福水泥的水泥罐車P30CHT100型
（走道改裝）

幸福水泥石灰石運輸車P35BH2000
型。

幸福水泥石灰石運輸車P35BH2100
型。

嘉新水泥大肚廠的機車。1995.3.賴德湘／攝

嘉新水泥鐵道

嘉新水泥成立於民國43年12月，公司的標誌是類似奧運徽記的五個圓圈。其轄下的專用鐵道有桃園廠線（400公尺，林口線9.6公里處分歧）、大肚廠線（1.7公里）及岡山嘉新水泥公司線（距岡山舊站2.1公里）。

大肚廠線有一輛北晟重機（PHM）製的25噸級L形調車機。其車身上紀錄的諸元，寫著：機型ADB250、出廠號812501、牽引噸數350噸、最高速每小時15公里。除了塗裝特殊外，造型相當普遍。

由岡山站分歧出的嘉新水泥線，據黃智偉先生比對日據末期空照圖所獲得的結果，證實為光復前就已存在的軍事用鐵道。

類似的軍用鐵道在二次大戰時期曾大量出現於台灣，這條嘉新水泥線的前身，其實是通往彈藥庫的支線。在台鐵的記錄中，嘉新水泥在岡山的專用支線，完成於民國45年8月，整段鐵路大部分的路基，都屬戰前軍用鐵道的一部分；最初的規模直抵小崗山山腳下，比如今的嘉新水泥線還長。

水泥廠距岡山舊站有2.1公里，在車站東遷之前，曾有一段時間，新線與往水泥廠的鐵路呈九十度垂直交叉，直到民國82年10月29日岡山遷站工程正式切換至新線，嘉新水泥廠線才改走新路。

由於嘉新水泥並不用火車來載運石灰石原料，散裝水泥的鐵路運輸量亦不大，所以在自備機車方面較為遜色，無法和其他水泥公司相比。不過您在高速公路上的岡山收費站附近，卻可能見過壯觀的載礦纜車於空中來回穿梭，那即是嘉新水泥搭載石灰石的交通工具，與鐵路運輸完全不同呢！

【鐵道建築篇】

台灣的鐵道建築，一直是產業建築上非常重要的一部分。它們的範圍廣泛，並不如一般人所認為的只包括火車站而已。在本書中的這部分，我們從車站歷史與建築出發，進而介紹台灣的鐵道車庫、橋樑、隧道……，希望在它們無可避免消失之前，做一個全面性的巡禮。

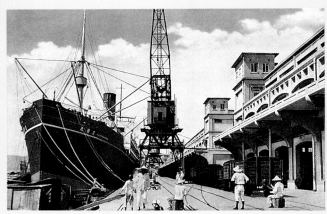

基隆臨港線的鐵道風光

富麗堂皇的老基隆站（大圖）

風華百年台北站

1940年完成的台北車站。

　　台北——這個中華民國在台灣的首善之區，一直是台灣近代史上最重要的一個都市；座落於這座城市中的台北火車站，則更是台灣傳統陸上交通中，最有代表性的都市玄關。

　　清代劉銘傳興建台灣鐵路，光緒16年（1890年）夏台北、基隆段首先完工，羿年10月通車，「台北火車票房」正式開始運作。而這一年——1891年，則被視為台北火車站開張的年代。

　　清季台北火車票房的人員編制，有正票房司事1員，副票房司事4員，爲所有全線（基隆至新竹）車站中人員最多者，其重要性不容置疑。它的位置根據日本佔領後所做的測量，再與現今的地圖對照，大約是在鄭州路上的中興醫院處，位在大稻埕市區的邊緣。

　　這段駛入台北火車票房的鐵路，以現代的鐵道設計觀點來看，是屬於一種「盲腸線」配置。它在今天太原路與承德路間，設有一個列車調度用的「三角線」；而往台北、往新竹與往基隆的鐵路，正好位在這個三角形的三個端點。往台北火車票房的這一小段，在進

站前尚分歧出往機器局（今台鐵舊局本部）的支線；過了火車票房，則還延伸至淡水河岸的河溝頭，做爲貨物運輸的轉運之地。

　　日本據台後，積極從事改線工程，因爲劉銘傳時代興建的路線標準極差，不合日本統治上的軍事需求，於是有「北部改良線」的工事展開。

　　隨著工程的完成，明治34年（1901年）8月25日第二代的「台北停車場」開始營業，同日開始業務的，還有淡水線及台北、桃仔園間新線的各站。雖然說，鐵路已經通車了，但開通式卻在二個月後的10月25日才在新的台北停車場內盛大舉行。當天來賓有將近1700人，會中的「節目」有開行「觀覽列車」、海軍軍樂隊表演，以及煙火施放，熱鬧異常。這間台北的第二幢車站建築，由日據後來台的第一代建築師野村一郎……等人設計，爲磚石結構，一直到另一幢更新、更大的「台北驛」落成後才功成身退。

　　昭和13年（1938年），台北驛的改築工程正式展開，昭和15年4月24日完成，爲一方塊狀組合並外貼面磚的

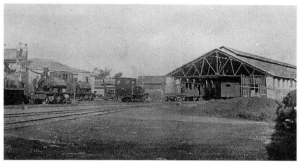

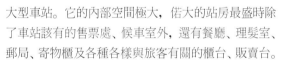

日據初年在台北的
鐵路修理廠。

清代台北火車票房
舊址之碑。洪致文
／攝

第二代的台北車站。

台北車站及扇形車庫鳥瞰圖（日據中期）。

1935年舉辦台灣博覽會時，在台北驛前搭的「歡迎
門」。

戰爭時期婦孺在台北站向上前方的戰士送行。

大型車站。它的內部空間極大，偌大的站房最盛時除
了車站該有的售票處、候車室外，還有餐廳、理髮室、
郵局、寄物櫃及各種各樣與旅客有關的櫃台、販賣台。

在它落成之前一年的4月14日，木造的台北後站完
工，為日據時代台灣人出入台北驛的真正孔道。這座
人稱「後車頭」的木造驛站，與新北投站的建築極為
類似，和前站的「官方氣氛」有很大差異，可說是日
據時代真正屬於台灣人的台北火車站！

當時，由於客車場置於前站與後站間，因此兩個
出口的距離極遠。從後站要到「城內」，除非繞道，否
則穿越車站可說是最快的捷徑。因此，當時的鐵道部
除了發行有「入場券」（月台票）可讓民眾買票「借過」
外，還賣有一本20張的「回數入場券」，給天天要步行
走捷徑的「有錢人」用。因為台北驛的入場券，與其
他站買來接人送客的功能不大相同，大多數的人是為
了「留下買路錢」而不得不掏腰包購買，所以很有生
意頭腦的鐵道部，竟把台北驛的入場券票價硬是訂得
比其他車站高一倍。別的車站1張只要5錢，台北驛就

要10錢，連回數券也是老實不客氣地比人家貴。還好，光復後的月台票不再這般「坑人」，否則台北市民只爲了「借過」一下，還不知要花多少冤枉錢。

日據初期的第二代台北車站，前後站間有一座長長的天橋連接著縱貫線與淡水線的發車月台。最早的設計，前站側有二座月台，後站側則有一座。隨著客運量的漸增，後來始又增設了一座月台夾於中間，使得淡水線的第三月台又「倒退」成了第四月台。

民國66年12月17日南港調車場完工後，台北站內的客車場移至該處，騰出的空間，使得台北站又能增建月台。於是，連接後站的淡水線月台又從第四月台一路退成第六月台，淡水線的最後列車，便是從這「台北最後月台」開出的。

光復後一直到民國60年代中葉之間的台北車站，廣義地來看（非以編制而言），還包括了台北機務段、客車場……等用地。一般南下的高級列車，都是從第一月台開出的。而它的調度方式非常有趣，先以調車機車頭到前站與後站間的客車場把洗好的車廂往北上方向拖出，再倒車進站。此時，從台北機務段出庫的火車頭，經由台北第一及第二月台間的第二股線，已駛到待發列車的南下前端。在調車機車摘離，正式的火車頭掛上後，便會從擴音器裏傳來大家都熟知的「催旅客上車廣播」。一陣的開車鈴響後，火車就隆隆地駛出站去。

這第一月台與第二月台間四股線的第三股上，常在下午停有一整列的臥車等著晚上開行，是觀察臥車

很多學校的畢業紀念冊中，常都會出現這樣一張旅行出發前在台北驛所照的「紀念寫真」。

台北站對面原有的鐵道飯店。

台北後站與興建中的台北新站。1988.7.洪致文／攝

的好地點，「上行列車」的電影中便有一幕掃到了這列少見的臥車，是非常珍貴的影像記錄。

地上段時代的台北火車站，最多時在第一月台北上盡頭，第二月台南下盡頭及淡水線路線分歧點處各設有一座號誌樓；北上月台末端，則還有附上下垂直移動電梯的貨物運輸天橋，方便貨物的搬運。

民國75年2月24日，第三代的台北站為了配合民國72年7月開工的台北市區鐵路地下化工程而停用，並在3月1日拆除，改由臨時站做為替代站。

在這第四代「台北臨時站」的使用期間，素有「南下列車始發月台」之稱的第一月台也為了工程需要而停用、拆除。臨時站位在原有車站的西側，整個台北站的重心也為之西移。

民國78年9月1日，地下化後的第五代「台北新站」正式開幕，只是這一天所有列車仍由地上的臨時站及月台到開，形成了台北車站有史以來最亂的一天。直到9月2日，火車才真正鑽入地下，地上的鐵路才一一拆除。

就在地上站場拆得只剩下一、兩股連絡用的鐵道之時，9月23日凌晨，木造的台北後站被大火燒毀，留下了台北車站歷史上最大的遺憾。這幢與前站相比堪稱簡陋的木造車站，雖有人嫌它又老又舊，但它卻是多少「下港人」來台北打拼的「記憶之地」。不知有多少的民眾，在這裏碰上了神奇的機緣而發跡；也不知有多少人徘徊此處而就此一生。當我們還來不及替它想個未來安身之地，它就在大火無情的吞噬下，在台

台北後站之歷史鏡頭。1988.7.洪致文／攝

台北站的貨運昇降電梯。1988.11.洪致文／攝

消失的地上台北站風情。 洪致文／攝

台北新站興建中的情形。1988.9.洪致文／攝

台北臨時站（中間有著「中央人壽」招牌的建築）
洪致文／攝

台北新站即景。洪致文／攝

北繽紛的夜色中化為一團火光而消逝，留下了一連串的遺憾與惋惜。

堂皇、巨大的台北新站落成後，周圍地上的站場陸續在拆除，使得它好似建在一堆廢墟之中。事實上，為了台北新站的建築，台北機務段最珍貴的扇形機車庫便因此而被拆──台北新站正是踩在扇形機車庫的頭上而完成的啊！

台北新站的地上有六層，一樓是售票大廳，二樓是金華百貨公司，三樓到六樓除了部分提供外界租用外，還塞入了台鐵總局、台北運務段、台北CTC調度中心⋯⋯等大小單位在此辦公。地下一樓是候車室與剪票口，地下二樓才是真正搭車的月台層。第二及第

三月台是對號等級列車到開線，第一與第四月台則是普通、通勤車所使用（這是設計之初的理想，但實際運用還是有例外，1996年開始也有局部改變）。而在第二及第三月台間，則還鋪了一條沒有緊靠月台的貨物線，可供不用上下乘客的列車通過。整個車站的設計，完全以通過站來配線，並無法提供列車長期停靠。因此，台北站周邊的松山、萬華、板橋，便得提供部分空間給要長時間停靠的列車使用。

台北新站在開張後，除了內部空間大而不當飽受批評外，還發生了大廳柱子以美耐板代替、消防設施不合格⋯⋯等種種「花絮」。但最驚天動地的，莫過於民國83年5月26日的地下二樓繼電室起火。大批通勤客見台北新站「臨時關門」，一列列火車塞在鄰站開不進來均不知所措。一直到下午車站重新開放，所有的廣播、電子鐘、電動時刻表⋯⋯通通都還故障當機，旅客在每個月台間「亂跑」找火車，當真是台北站百年以來的又一奇觀。

台北新站是台鐵最高級的特等站之一，但荒唐的鮮事卻也是各站的第一名。對於舊有的第三代台北火車站，民眾大多有著甜美的溫馨回憶；但地下化後的台北新站，則是批評多於稱讚。這樣的結果，究竟代表著什麼呢？

萬 華 站

　　雖然說，清季興建鐵路之時，艋舺地區民眾結合龍山寺的「在地勢力」，阻止了「黑色妖馬」——火車行駛經過該地；但在日據時代初期，台北、桃仔園新線的鐵路建設，還是不可避免地經過艋舺。明治34年（1901年）8月25日，艋舺驛正式開張，迄今已超過悠悠九十載，可說是台灣鐵道歷史上，極富歷史意義的一座車站。

　　早年木造的艋舺驛，是一幢日本風格極濃的精細典雅車站，造於1918年。它那急斜式的屋頂，中間有著唐式風格的入口，配上橢圓形的窗戶，彷彿是張嘟著嘴的臉譜。

　　大正9年（1910年），艋舺驛改稱萬華驛；隔年1月22日，台北鐵道株式會社由萬華後站分歧出到公館的私營鐵路開張，同年3月25日延伸到新店，使得萬華站不只是縱貫線上的一個中間站，還是一條鐵路的起點呢！

　　新店線是早年台北民眾到碧潭遊覽的一條必乘鐵道，也因此萬華站肩負有轉運、銜接旅客往來兩條公私營鐵道的重任。民國38年6月，新店線由台鐵收購經營，初期還曾行駛以蒸汽爲動力，但上面還可以載人的「蒸汽動車」。直到民國54年3月25日，新店線遭到停駛的命運，萬華站的分歧大站氣勢，才逐漸減弱。

　　不過，此時從萬華後站分歧出的專辦貨運堀江側線仍然保留，繼續辦理整車貨運，直到民國69年末才因汀州路拓寬而停辦。所以鐵路地下化之前的萬華站路線配置，除了縱貫線的系統外，還有不少路線是拐

萬華車站。洪
致文／攝

過去萬華站外的台
灣製糖台北製糖所。

向新店線方向，此乃原本新店線的「遺跡」。

　　過去，萬華站外現今中國時報大樓一帶，曾是台灣製糖株式會社的台北製糖所原址（設立於1915年）。所以當時縱貫線鐵道的旁邊，也有不少的糖鐵輕便鐵道手推台車在運行。它起自萬華以迄頂埔，敷設12磅軌條，昭和元年（1926年）的統計，共有台車71輛，還有木造橋跨越新店溪呢！

　　在民國70年代中期之前，坐火車經過萬華，很容易就可在後站方向看見一輛塗有紅十字標記的木造客車。這輛編號為25HC2001號的特殊車廂，是內附病床的「衛生車」，由日據時代極高貴的頭二等車（1917年造）在1938年時改造而來，可說是當年的「萬華站之寶」。

　　改建後嶄新的堂皇新站房，是在民國77年9月19日落成啓用的。它的造型與台東新站幾乎一樣，對於塑造火車站爲地方地標的功能，可說打了很大的折扣。1996年時，因鐵路地下化的工程而在用了不到十年的情況下拆除了，這就是公家單位行事沒有長遠規劃的明證。

　　未來，萬華車站的鐵路地下化之後，從艋舺驛以迄於今的近百年丟丟銅歲月，就將無聲無息地「埋藏」於地底。在不再有汽笛聲從車站地面上傳出之後，新的萬華車站要如何塑造其「車站印象」，如何成爲所有萬華民眾「回家的記憶」，恐怕萬華的居民不應該再沈默了。

新 竹 站

新竹站外貌。

　　在全台灣的鐵路車站當中，新竹站雖然算不上現存最老的鐵道建築，但卻可說是西部縱貫線各大站中最老的一幢，完成於大正2年（1913年）3月31日，幾乎與民國同壽。

　　最早的新竹火車站，要回溯到清朝時代所興建的「新竹火車票房」。光緒19年（1893年）11月，基隆至新竹的鐵路竣工，設新竹火車票房於今憲兵隊附近，配屬有正票房司事1員、副票房司事2員及苦力30餘人，是第一代的新竹火車站。

　　1895年台灣割讓給日本後，6月17日首任總督樺山資紀在台北舉行始政儀式時，各地反抗日本統治的戰事仍不斷在發生。6月底日軍攻陷新竹城後，發現了2輛完好的馬鞍型水槽蒸汽機車「掣電號」及「超塵號」，乃以其為動力，於7月初開始開行軍運與搬運糧食列車。

　　明治29年（1896年）7月5日，當時稱做「新竹停車場」的新竹火車站開始辦理客貨業務，站址並遷至今東大路與鐵道交叉北側處，亦即今天的台鐵新竹貨運站附近。這時的新竹站僅44坪，十分簡陋，但卻仍是台灣鐵路中的「大站」。

　　明治30年（1897年）至隔年8月間，竹北、新竹間的鳳山溪等橋樑陸續因洪水而沖斷，新竹站不得不「關門」，改以輕便鐵道代行。

　　明治35年（1902年），新竹至竹北間的改良新線竣工，新竹的鐵道運輸才實質地恢復正常運作。

　　大正2年（1913年）3月底，以工程費22500圓所興建的宏偉「新竹驛」落成，與東門城樓依靠今天中正路的相連遙遙相望，是新竹市都市景觀中，市民腦海裏最深刻的「城市記憶」。

　　昭和3年（1928年），鐵道部花了工程費12000圓，

依其主體樣式增建右側之延伸建築，整個形態（如圓拱窗戶）均仿原狀設計，給人極協調的感覺，反倒是左側光復後增建的二層平頂樓房，顯得突兀而不搭調。

這幢新竹站在二次大戰時曾遭盟軍轟炸而毀損，民國38年初才整建完成，內部空間及動線的安排也曾多所更動。其原始設計，由大門玄關進入後正對著的剪票口是最早的入口，在其右側現今最常用的剪票口則為早期的出口。後來因為運輸量大增，進出站動線太近易生混亂，才把出口移至今廁所邊處；而售票口也因實施售票電腦化，而改建成現代的電腦窗口，是這幢老公公級車站當中，最「先進」的一個角落。

新竹站的站內有二座月台，透過天橋與地下道來相連。內灣線的發車線是固定在第二月台；而其北端，還有一小段鐵道嵌入缺角的月台中，那即是內灣線行駛柴油客車時的發車線。

它車站站房上那最引人注意的鐘塔，在早年是與月台上的圓鐘相聯動的。所以乘客趕不上火車，在站外看那鐘塔的時間已過，火車準點的話就真的已開出站去，絕不可能出現月台上的鐘是一個時刻，鐘塔上的時鐘又是一個時刻，讓乘客有抗議火車不等人的把柄。但今天，偌大的電子鐘擋了宏偉的玄關破壞美感不說，與站內的時鐘亦無聯動，如果旅客硬要爭那一兩分鐘的話，車站人員大概也只有捱罵的份了。

新竹站在其南端原本設有一座扇形機關庫，是蒸汽火車保養維修的重鎮。民國70年代初期，蒸汽火車漸漸引退之際，台鐵最菁華、性能最好的蒸汽老火車因戰備考量而齊集此處，並以開行內灣線貨運列車來維持能動狀態。無奈這批車後來被台鐵拍賣解體，扇形機關庫也在民國78、79年間為了改建成通勤電聯車車庫而陸續拆除。現在，造型獨特的扇形車庫已在新竹站內消失，代之而起的，則是類似建築工地工寮般急就章搭建的車庫，非常的不美觀。

由新竹站分歧出去的支線，主要有二條，一條是日據後期（大約昭和10年前後）所建的飛機場支線，以及民國40年9月10日，從新竹至內灣全線完工的內灣支線。

前者的興建在當時是屬國防機密，所以文獻資料上極度缺乏，筆者是在全線的調查中，發現一座架著「昭和9年汽車會社製造」鋼樑而推出其大致興建年代。

新竹站的鐘塔。洪致文／攝

日據時期,新竹機場是屬「北台海軍航空隊本部」,光復後曾是F-100及F-104戰機最後的使用基地,可說是北台灣的空防重鎮。而這條在新竹站北(新竹貨運站附近)分歧出的支線,則是戰時該機場的重要補給線,部分路基,有可能是以早年新竹糖廠的輕便鐵道所擴建成的。

至於內灣線,除了有龐大的貨物運輸量在撐著它的營運外,近年來內灣地區的開發,已使其成為新竹地區極獲遊客喜愛的風景據點,更是鐵路支線旅遊的最佳選擇之一。

在火車由台北南下開進新竹之前,左側的縱貫線鐵道邊會出現一座極大的鐵路貨運站場,此即為「新竹貨運站」。

雖然說,新竹站內原本就有極完整的配線系統可供貨車停留、調車用,但現今的功能多做為客車停留線來運作,整個貨車的調度全由新竹貨運站(簡稱「新貨」)接手,有點類似早年台北站與華山站的關係。

大部分的客車,都是無緣進入新竹貨運站的,但除了某些待報廢、要進唐榮新豐廠或試車、回送的客車才有幸進入這個從名稱上來看應是「客車禁地」的車站。它僅臨鐵道邊的長排倉庫,曾被台鐵出租給廠商做大型倉儲式賣場的用地,算是台鐵活用其「祖產」的先聲。

曾有一陣子,新竹貨運站內擺了不少輛車禍事故車,包括三義車禍的EMU200,內灣線竹東車禍的DR2402,與在海線出事的白鐵仔DR2725。若再加上科學城保齡球館外的那一輛日本KATO製小型內燃調車機,真可說是報廢車大集合場。(此輛柴油車的詳細內容,請參照專用線部分「台灣木材防腐公司線」的介紹。)

目前新竹車站的保留,因它的後站腹地仍大,尚有空間可建一大型出口分擔前站負荷,所以舊建築體的保存非常樂觀,問題就只在於政府、台鐵有沒有心要做了。

台 中 站

台中車站外觀。洪致文／攝

在如今台鐵現存的大站之中，就以新竹與台中站最爲富麗堂皇；而其中，台中站的氣勢，更是略勝一籌，壯觀地如宮殿一般令人驚歎。1995年時，台中市區鐵路地下化的規劃，有可能要將這座漂亮的老車站拆除，或是只留其中央立面，造成台中車站的前途受到許多民間文化團體的關切。

回首台中火車站的歷史，其實與台灣鐵路的發展息息相關；無論就建築的本身，或者鐵路發展史上的意義，台中站都有它值得保存的充分理由。萬一它不幸被拆除，我們豈不要永遠失去這座台中玄關的代表建築？

台中火車站最早是稱做「台中停車場」，明治38年（1905年）5月15日正式開張，首任驛長（站長）爲塚澤力太郎。初建時的台中站，爲一幢木造平房，與台鐵現今的許多未改建小站類似。

1908年4月17日，台中站內首次興建了火車頭的機關庫，同年的10月24日，縱貫鐵道的全通儀式在台中公園舉行，台中站此時達官貴人雲集，可謂風光異常。隔年的1月底，鐵製跨線天橋落成，爲台中站的服務品質提昇再添一筆。

1913年2月9日，台中站裝設了發車電鈴，此後火車要開，便會聽到一串鈴聲通知搭車旅客趕快上車。

大正6年（1917年）3月底，現存台中站的磚造新站房落成，中央的山牆、高聳的鐘塔、以及急斜式的歐風屋頂，都給人耳目一新的感覺。尤其是它入口挑高的玄關，更是氣派十足。

這幢氣勢不凡的車站，左翼部分的候車室爲後來仿其原形式加以增築。原本的主體，共有144.2坪，花費了39200圓興建。

在其後站，原有糖鐵的五分仔小火車在運行。最

縱貫線尚未全通前的台中站。洪致文／藏

第一代的台中站。

台中公園內的雙亭，是為了慶祝縱貫線全通而建。
洪致文／攝

台中後站。洪致文／攝

台中車站的鐘塔。洪致文／攝

台中車站內景。洪致文／
攝

台中站的月台。洪致文／
攝

早開張的，是大正5年（1916年）4月通車的台中至萬斗六線。此路線由帝國製糖株式會社舖設，後來又於1918年沿伸至南投，即糖鐵客運中非常有名的「中南線」。光復後，台糖又把南投至濁水一段加了進來，總稱「中濁線」。

除此之外，台中地區糖鐵所經營的客運鐵道，還有大正13年（1924年）開業的台中、聚興段。在早年的台中車站站場，前站是大火車轟隆隆奔馳的天下；但後站卻是五分仔小火車的天堂。目前，後站的原台糖鐵道用地，已變成貨運列車的貨場，糖鐵遺跡已不復見。而台鐵目前在該處，亦設有「台中後站」，此建築為民國53年完成，已經與前站完成電腦售票連線。

整個台中站目前的業務，可說是客貨兼辦；也就因為進出人潮眾多，老站房不敷使用，因此改建開發之議不斷。

不過，值得慶幸的是：民國84年3月底，內政部將台中車站列為二級古蹟，使得它的存廢之爭終於劃下休止符。這幢車站的被保存，可是台灣歷史上車站建築的第一次呢！

香山車站

　　新竹車站是幢造於大正2年（1913年）的老公公級車站，而火車由此往南行，抵山海線分叉點竹南之前的兩處車站——崎頂與香山，亦都是極有古老驛站況味的老站房。崎頂站因站外有海水浴場，所以一般人較知曉；而香山站卻因火車停靠的班次少，因此大多數人都在火車倏乎飛過的同時而忽略了它。

　　香山火車站的開業年代相當早，明治35年（1902年）8月10日便已開張，曾是新竹、竹南間唯一辦理客貨運的車站。

　　現有的老站房，是昭和3年（1928年）1月改建的木造建築。正面的入口偏向一邊，進門的玄關設計、裝飾極富美感，只可惜被台鐵以一現代、超大型、毫無美感的CIS大招牌給遮住，使得建築本身的面貌無法示人。這樣的情況，在台鐵很多車站都可見到，讓車站的美麗建築語彙掩蓋在電子鐘、暴發戶式的大型招牌下，非常地可惜。

　　香山站的站場面積似乎與它的「小站氣勢」不太搭調，就連停靠列車比它還多的崎頂站都沒有它來得大。這或許與它設站較早，而崎頂當年還只是個交會站有關吧？

　　香山站的月台與車站間沒有地下道或天橋的設置，所以旅客下車後都要等火車開走了才能步下月台、

香山站外觀。洪致文／攝

香山站內部。洪致文／攝

跨過鐵道再走出車站；連長長的月台也沒有遮雨篷，一切的設施，卻又訴說著它的「小站身份」。

　　它候車室內古舊的售票口、老式日光燈罩、木質座椅及各種各樣的海報、公告，都給人極溫馨的感覺。在現今的台灣，大概就只剩下一些老診所與這些老車站還有著這樣的氣氛。相對於新竹站的堂皇氣派，香山站有的則是小站的樸質之美。在新竹與竹南間的這條老車站帶狀之旅中，香山站是您不能忘了下車的一站，也是在老站房已不多的今日台灣，值得您前往一探的「老車頭」！

三義車站

三義站的站內側風貌。洪致文／攝

　　美麗的山線鐵路，在雙軌化後原有的舊線風貌勢必有很大的改變。在此蓊鬱山林中的小站三義，可說是這段桃花源鐵道的玄關，一般的鐵道迷均是以它做為山線火車之旅的第一站。民國84年9月該站被拆除，令人感到相當可惜。

　　三義站位於基隆起算159.6公里處，銅鑼與勝興之間。日據時代稱為三叉驛，光復後因三叉之名不雅，而將地名與車站名均改為三義。

　　三義火車站於日據初期的明治36年（1903年）10月7日開始營業，當時縱貫鐵路尚未全線通車，而它卻已先行開張了，故可算是山線的元老級車站之一。老三義火車站站房，為大正5年（1916年）3月底落成的

木構鐵道建築，算是典型的日式木造驛站。

　　在三義附近的山線鐵道邊，您常可看到大段的各種奇木枯枝散置於鐵道旁；因為，三義正是「木雕之鄉」啊！走在三義的街道上，您可見到許多販賣木雕藝品的商店；由文化中心規劃，列入六年國建中的木雕博物館，也在開幕後為美麗的山線風光，再添一處富有人文氣息的觀光據點。

　　在鐵道迷的心中，三義除了是山線鐵道之旅的起點外，發生於民國81年10月31日的自強號三義事故，也是令人難忘的傷痛。當天正值蔣公誕辰的假日尖峰時期，一輛大拖車卡於三義站外的八股頭平交道，使得隨後駛至的南非製EMU200型自強號列車一頭撞

三義車站。
1992.10.洪致
文／攝

上，共有90人受傷、2輛自強號客車因此而報廢。在鐵道事故頻生的台灣，絕大多數的事故都發生在EMU100型，俗稱「英國婆仔」的自強號身上，南非製的EMU200型絕少發生大事故，但在苗栗三義的這次卻是意外中的意外，所以給鐵道迷的印象格外深刻。

當然，在事故之後台鐵也改善了該平交道的坡度與警告標示，以免慘劇再度發生。而事故地點旁的三義車站，也漸漸地恢復了原有的平靜。1995年9月，木造三義站被拆除，不過所幸被一苗栗的渡假村遊樂園購下，未來要再重建。然而，其最終仍難逃被台鐵拋棄的命運，正顯示了台鐵一點也沒有文化觀念的心態。

勝興車站

　　在台鐵所有車站中地勢最高的「勝興車站」，是有如桃花源般的美麗山線鐵路中的一大勝景。在前幾年鐵路旅遊還不像現今這般風行之時，它的收入可說少的可憐，甚至曾有不達百元的記錄；但今天，假日來此登山、尋幽訪勝的遊客絡繹不絕，更有可能在苗栗縣府的經費補助下，規劃建設成爲台灣第一座的地方級鐵道博物館。

　　山線鐵路山洞多、橋樑多、坡度也大，1908年縱貫線全通的最後一段即是這裏，因此它那重山巨溪的美景，便是它異於其他鐵道的地方。不過因爲它坡度大、火車跑得慢，又只有單線的舖設，所以往往也成爲列車行駛中的瓶頸。三義至泰安間的山線鐵路，有近13公里之長，其間最大坡度達千分之二十五，更是

瓶頸中的瓶頸。因而在這二站間，便設了一個「十六份信號場」來交會列車，而它即是今天勝興火車站的前身。

　　目前在勝興站內，立有一座前鐵路局長莫衡所題的「台灣鐵路最高點」紀念碑，告訴遊客它的海拔有402.326公尺，不只是山線之冠，也是全台鐵局線中的高度冠軍。不過，日據時代，在同一地點也立有一個寫著「十六份停車場」的碑，因此光復後的這座，被懷疑是「糊」在舊碑上完成的。

　　勝興站它那小小的木造站房，融合了歐式小屋與日式平房的特色，屋簷下「米」字形的木構設計，據傳好像還有類似八卦的避邪之用，當眞是幢極爲別緻的車站建築佳作。它完成於1912年3月底，可說與民國

勝興車站外貌。洪致文／攝

勝興站的路線最高點碑。洪致文／攝

同壽，亦可算是棟「老公公」級的火車站。

再過幾年，山線鐵路雙軌化完工後，這一段舊線與火車站將廢除不用，但因舊線中尚保留有好幾座珍貴的磚造老山洞及花樑鐵橋，以及那著名的魚藤坪斷橋，所以苗栗三義鄉極力爭取要將這段舊路線及勝興火車站保留下來，以作為全國第一座「活」的鐵道博物館。

這個構想在古蹟、古建築極不被重視的台灣是相當難能可貴的，其實苗栗縣府可透過省府和台鐵協議，將山線雙軌化後功成身退的這段鐵路當成觀光支線來經營，以徹底保存三義至勝興、泰安間的這段美麗風光。為了節省維修成本，可以把電氣化的電車線拆除，改以現在支線行駛的古老柴油車或當年時常「狂飆」過山線的光華號DR2700型柴油客車來搭載觀光客，必可像日本山陰本線保津峽舊線一般，一躍而成全國、甚至外來觀光客必遊的旅遊名勝。說不定在沒有了運輸壓力下轉型為觀光鐵道，會比現在每班車急馳而過要給地方帶來更多的利益呢！

在這段美麗鐵道中的焦點驛站──勝興，無疑的將是日後人潮聚集的地點。它那種滿杜鵑花及時常籠罩在濃霧中的朦朧之美，更為它添加了些許多的神祕之感。如果您等不及要趕快去造訪它的話，不妨搭趟走山線的列車，就這般慢慢地晃呀晃，當火車爬到最高點時，勝興火車站就到了囉！

保安車站

　　雖然說,台鐵在戕害鐵道文化財方面「不遺餘力」,但偶爾還是會有些較有遠見的員工在默默地盡著保存文物的重任,否則以部分上層眼中「只有錢而沒有文化」的觀點,不知道如今還會剩下多少珍貴的鐵道文化財。

　　民國82年7月15日,保安車站的重修保存活動,便是台鐵近年來少見,較爲文化界人士稱道的一件大事。

　　保安站原名車路墘驛,是明治33年（1900年）11月29日,台南至高雄的南部段開通之時,最早開業的七個站之一。1914年時,爲了配合車路墘製糖所（今仁德糖廠）而向北遷站至今天的位置。

　　這座典型的日式木造站房,以阿里山良質檜木所建成,做工極爲精細,尤其進門的玄關更是典雅。

保安站外貌。洪致文／攝

保安站站房內景。洪致文／攝

　　保安車站在獲得台鐵政策性地保存之後，花費了一段時間重修整理，並且隆重地辦了立碑保存的活動。當天發售的紀念車票，正面與一般保安至永康的普快車票無異，但背面則加蓋了「祝闔府永保安康」幾個紅字，取自保安、永康二個站名的重新組合，饒富趣味。這樣的火車站名有趣組合，就像日本以前有二個站名分別叫「愛國驛」與「幸福驛」。從愛國站買張車票到幸福站，代表著「從愛國到幸福」，同樣地耐人尋味。

　　其實，保安車站本身就是個寶，台鐵有心留它下來，何不再多增加點文物給遊客欣賞？甚至長期販售「永保安康」的紀念車票，豈不能增加收入？

石榴站

石榴站風光。洪致文／攝

石榴站的售票口。洪致文／攝

　　提起西部縱貫線斗六、林內間的石榴站，恐怕沒有幾個人知道它的存在。因為即使您搭的是普通車，一天之中也沒有幾班會停靠，更何況坐的是莒光號、復興號，甚至自強號，那可是疾馳通過，完全「感覺」不出它的存在。

　　石榴站位於基隆起算261.8公里處，最後的木造站房，完成於昭和14年（1939年）10月20日，為日據末期的鐵道建築作品。它的站齡較之其它車站，可說是「年輕」了好幾十歲，因為在1938年的統計資料中，該車站尚未出現，所以它極有可能是在1939年，甚或1940年才正式開業的。在早年，石榴站附近因有一河川盛產砂石，所以從該站分出一條石碴專用線來運輸這些既可供舖鐵軌，又可做軍事用途的石碴。只可惜這條賺錢，又維持著石榴站業績的支線停駛、拆除後，石榴站終於在民國79年的8月15日，被台鐵大刀一揮，砍成無人看管的「招呼站」。至此，石榴站可說真是風華不再了。

　　石榴站方圓1公里內幾乎沒有什麼城鎮，可說是前不著村後不著店的鄉下小火車站。它1994年時停靠的列車已非常的少，平常日下行只有4班、上行7班，週六為了學生通勤客，而於中午增停1班下行列車。除了

是清晨或傍晚，恐怕您是很難在大白天坐火車到此一遊的。

　　或許，石榴站就是拜它地處偏遠之賜，廢站之初仍未被嚴重破壞，不似台鐵其他的廢棄車站，往往一沒人管就立刻成為垃圾、不良少年的聚集地。它那日式木屋的車站結構，保存得尚稱良好，候車室的堅硬木質座椅，也是懷舊人士拍攝結婚照的極佳場景。

　　石榴站在台鐵人員撤離、改成無人站後，站內的側線也陸續拆除，旅客如要跨過鐵軌走上月台搭車，就得仔細的左顧右盼確定並無火車通過才能自保安全。台鐵並未利用軌道電路的原理，像平交道一般警告搭車乘客，實在有「不顧民眾死活」之嫌。像這樣的無人看管招呼站，在近幾年台鐵精簡人事政策下大量出現，確實是鐵路安全的一大隱憂。

　　在石榴站被降等之後，停靠的列車急速減少。或許，再過幾年，石榴站會不再有列車停靠，永遠從縱貫線上消失。到時，我們坐在火車中可能會納悶，為什麼林內站到斗六站將近10公里的路程中，竟連一個火車站也沒有？其實，在很久很久以前，這中間有個車站，就叫做「石榴火車站」啊！

橋 頭 站

橋頭站。洪致文／攝

在日據時代以前，台灣只有煉糖的簡陋糖廍，一直到明治35年(1902年)，台灣製糖株式會社引進新式製糖技術，並設立了橋仔頭第一工場，才真正開啓了台灣糖業王國的製糖之路。

而就在這間台灣第一座現代糖廠設立的前一年5月15日，位於縱貫線上的橋仔頭驛正式開始營業，迄今已過悠悠九十載。橋頭站位於縱貫線上岡山與楠梓之間，距離起點基隆有388.2公里，現有的站房完成於大正11年(1922年)5月，為大正年代的RC構車站代表作。它車站前的道路名極為有趣，既不是中山路也不是中正路，而是名副其實的稱為「站前街」，令人格外印象深刻。您若有空前往橋頭站一遊，更可仔細瞧瞧售票窗口內放置硬幣的精巧小架子，其上印有一「工」字與外圍橢圓的標記，這可是日據時代鐵道部的標誌呢！

從橋頭站後站的鐵道往南下方向走，不多時即可見到台糖的橋頭糖廠(即高雄糖廠)。台鐵的橋頭站與台糖的工廠間，以可走大火車也可走小火車的三軌制設計來舖設，使得台糖五分仔車得以有緣駛入台鐵的車站中。

近來，高雄縣府與台糖合辦了幾次的糖鐵小火車之旅，由台糖提供改造的貨車廂給民眾搭乘，獲得廣大的回響。尤其是1994年的端午節，更邀請了橋頭鄉民坐著小火車，舉辦了一場極為少見的中崎溪「殤溪」活動。

這個殤溪活動，是為了哀悼中崎溪被亂倒的廢棄物……等現代文明垃圾所污染破壞的慘況。整個活動藉由台糖的小火車帶領，使民眾更了解中崎溪的地理環境，以及河川已死的事實。希望已列入橋頭新市鎮開發計劃中的中崎溪整治工程，能讓它再恢復往昔的潺潺清澈，繼而成為橋頭鄉的一大特色。

當然，中崎溪的整治，若與台灣第一座新式糖廠－橋頭糖廠，及台鐵的老橋頭站共同獲得保存並加以開發，定可成為橋頭鄉最寶貴的自然生態及人文景觀文化資產。

1995年的全國文藝季中，橋頭糖廠的小火車扮演

橋頭站站房內部。洪致文／攝

了吃重的角色。這班列車,已為產業文化的保存駛出
一條新的方向;也為產業建築的未來,開創一個新的
良好典範。因為,不管是現行的文化資產保存法,或
者是民間版的修正草案,均未將這類「活」的交通設
施,以及創造經濟奇蹟極有貢獻的產業建築列入保存
的範圍中。在現有法規仍執迷於「古蹟」之狹義定義
下的今天,我們真的很難冀望有產業文化被當寶貝一
般地愛護。橋頭鄉有台鐵的老車站、台灣第一座糖廠、
中崎溪景觀及與三者緊密相連的五分仔小鐵道,是橋
頭鄉的寶貝,也是糖業文化與鐵道文化的珍貴資產。
我們期望它的被保存,也期待它能成為橋頭的新特色!

橋頭站月台上的候車室。洪致文／攝

岡　山　站

木造岡山站。1995.9.洪致文／攝

夜晚的岡山站。1992.10.洪致文／攝

岡山站第一月台。1995.9.洪致文／攝

岡山站第二月台的遮雨蓬。1995.9.洪致文／攝

在南台灣的老岡山站，是明治33年（1900年）11月29日台南至高雄段縱貫線開始營業之際，最早設立的幾個大站之一。

對於不少曾在岡山各空軍學校就讀或受訓的民眾來說，岡山舊站可說是他們一輩子難以忘懷的「空軍大門」。事實上，岡山站在第二次大戰時期，軍事地位可說相當重要。除了岡山飛行場線外，現今的嘉新水泥專用線鐵道前段，還曾是條通往彈藥庫的秘密戰備鐵道。

老岡山站站房的興建年代，依照台鐵的紀錄，是大正12年（1923年）的11月，它那木質的紋理結構特色，可說是相當典型的日式驛站外觀。

這幢老車站之所以能存在至1990年代尚未被台鐵拆除改建，其實還要感謝岡山新站遷站工程風波不斷，且持續十年之久所賜。岡山新站工程於1993年10月底終於隨著鐵路的切換改線而完工，使得老岡山站不得不功成身退。

雖然說，老岡山站早已成為岡山地標，老式的木

廢棄中的岡山站站房。1995.9.洪致文／攝

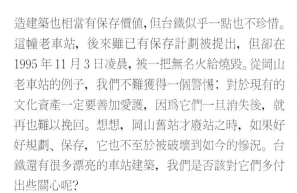

造建築也相當有保存價值，但台鐵似乎一點也不珍惜。這幢老車站，後來雖已有保存計劃被提出，但卻在1995年11月3日凌晨，被一把無名火給燒毀。從岡山老車站的例子，我們不難獲得一個警惕；對於現有的文化資產一定要善加愛護，因為它們一旦消失後，就再也難以挽回。想想，岡山舊站才廢站之時，如果好好規劃、保存，它也不至於被破壞到如今的慘況。台鐵還有很多漂亮的車站建築，我們是否該對它們多付出些關心呢？

岡山站的木造月台。1995.9.洪致文／攝

高 雄 站

高雄站站房。1990.7.洪致文／攝　　　　　　　　　　高雄站的建築特寫。1995.9.洪致文／攝

太平洋戰爭時代的日本，曾有一種稱做「高雄級」的重巡洋艦，艦橋設計得像是傳統古城的外觀，日本人似乎不斷在思索如何把傳統的建築意像溶入現代科技當中。台灣的高雄火車站，正是在這樣背景下完成的鐵道建築。因此它雖爲RC構造，但是細部無不仿造唐風的木構形態，與台北新站想塑造中國風味的企圖，其實是同樣的道理。

也許就是因爲這個因素，不少人認爲造於1940年的這幢車站建築毫無保留價值。可是，如果做爲後代子孫的我們，能以更包容的心去看這些建築，其實留下它們一點也不可恥。因爲我們的文化素養，已經「進化」到不再有極力剷除「前朝遺跡」的流氓行徑。我們能以更寬容的心，去看待不同時期在這塊土地上曾出現過的各種建築。

在今天，摩天大樓就在高雄站背後形成新的地標；不過我相信，陪伴大夥兒走過半個世紀的低矮高雄站，才是所有高雄人心中的摩天大樓。因爲它代表的，是家鄉的玄關、故鄉的大門。台北人很不幸，在未經思考的情況下失去了老台北站，換來了一棟大而不當的「比薩屋」新站；高雄站的未來，其實就有待市民與政府更細心的思考，尋求一個新舊並存的新高雄站，以免重蹈台北站覆轍。

最初設在現今高雄港站位置的「打狗停車場」。

高雄站的大廳。洪致文／攝

高雄後站。1990.7.洪致文／攝

高雄站候車室。洪致文／攝

高雄站的入口。洪致文／攝

高雄站之地下道。洪致文／攝

高雄站月台北上方向的貨物電梯。洪致文／攝

高雄站第三月台。洪致文／攝

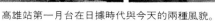

高雄站第一月台在日據時代與今天的兩種風貌。

關山舊站的歐洲風情

關山舊站風貌。1990.8.洪致文／攝

　　素有台灣後山花園之稱的花東地區，窄軌台東線所留下的站房原本就不多，更不用說是建於日據時代的老車站了。

　　花東線上的關山車站，現有的站房是統一格局的制式建築，毫無特色可言，反而是其站旁的老關山站，風格獨具，頗值得一遊。

　　發現這幢老站房的經過十分有趣，筆者與好友鄭銘彰來到關山之時，向站外的一位原住民老伯尋問舊火車站在何處。沒想到他與我們卻無法溝通——他不會講台語啊！最後，竟然是用日語才問出了地點（原來就在新站房旁邊），而且道出了當年那冒著黑煙的老火車是怎樣地嚇著原住民亂跑的鮮事。在我們與他的交談之中，才更深刻地了解日本殖民統治之徹底，也更驚訝在20世紀末的今天，同樣生活在這塊土地上的人民，居然要用別人的語言才能溝通的悲哀。

　　關山站舊名里壠，最早是屬於台東開拓會社所有

的41.9公里鐵道北端起點。大正11年（1922年）鐵道部向該會社收購了里壠至台東的這段鐵路，以計劃逐步將整個花蓮至台東的鐵道連接起來。

　　里壠驛於大正11年4月20日正式開業，直到昭和12年（1937年）才改名為關山。現存的舊站房確定建於日據時代，但是否為開通時期的建物就不得而知了。

　　它的大門及右翼部分雖已被改造為倉庫（兼車庫）而失其原貌，但左側及整個建築的形態仍極為特殊。尤其是它的中央屋頂，半圓形的結構削成五邊形狀，十足的歐洲風格，更讓人不由得連想起荷蘭的風車建築。

　　這幢站房一直使用到民國71年7月新站房完工後才功成身退。但很幸運地，它並沒有被拆除，而是被改裝成倉庫供外界承租；原有的一部分站房，也充做貨運辦公室，因此得以保存下來。這樣的幸運，可不是每一幢老車站都有緣碰上的啊！

外國人眼中的「中華料理屋」──
羅東車站

在台鐵的衆車站之中，羅東站的造形算不上精緻，但卻讓人有看了就忘不了的感覺。而它的外形，更讓許多日本觀光客看了以爲是「中華料理屋」，或者是做馬殺雞生意的理容院。到底，羅東車站是個怎樣的火車站呢？

事實上，羅東站是宜蘭線上的主要大站之一，大正8年（1919年）3月24日宜蘭至蘇澳的南段宜蘭線開業之際，便同時開始業務。舊有的車站在民國36年改建過，一直到民國73年2月25日又拆除重建，於民國74年10月24日落成；而這天，正好是縱貫線鐵路通車77年的紀念日；而隔日，又正是台灣光復40週年的日子。

新的羅東站，是爲應付北迴鐵路通車，以及宜蘭線雙軌化工程完工後所增加的運量而加大設計的。其外形極力塑造中國北方宮殿建築的風格，但新舊建材的混合運用上做得並不協調，以致無法給人古色古香典雅的感覺，反倒會讓人聯想到匆忙搭建的中華料理屋牌樓。

羅東站在民國67年黛拉颱風來襲之前，除了是宜蘭線的一個中間站外，尚是羅東森林鐵道（即大衆熟知的太平山森林鐵路）的起點。

民國59年，爲了便利越來越多的觀光客要搭小火車上山，林務局特別在台鐵羅東站的北端也設了一個羅東站，方便旅客轉乘森林火車，而不必走到600公尺外的竹林站去搭乘。

雖然說，羅東森林鐵路受颱風侵襲而柔腸寸斷，不得不在民國68年8月宣佈廢棄停駛，但羅東給人的林業印象依然鮮明，當初改建羅東站時，如能把此一特色融入建築之中，豈不更富意義？

火車站可以說是每個城鎮，給外地人所接觸到的第一印象。代表地方特色與兼顧車站功能其實是缺一不可的設計重點。但在台鐵新建的車站建築之中，我們都極少見到有如此的人文關懷被導入其內，因此就會建出一幢幢似曾相識(可能完全一樣)，或者毫不搭調的鐵道建築。神似中華料理屋的羅東車站便是這種狀況下的產物，我們是否該「好好保存」它，以做爲一個警惕呢？

像中華料理屋的羅東車站。1988.10.洪致文／攝

三貂嶺車站

自古以來，「三貂嶺」這個地名就一直給人雄關要塞的感覺，清季的三貂嶺官道，更以此處為最險峻之地。大正13年（1924年）底宜蘭線通車後，三貂嶺雖只是宜蘭線上的一個小站，但卻是掌控著平溪線火車進出的分歧站，因此地位十分重要。

三貂嶺一帶的自然地理景觀異常豐富，基隆河的壺穴地形最為著名，而人文方面的史蹟，亦頗值得至此旅遊的遊客駐足一探。

在三貂嶺火車站的南下月台端，您很容易便可看見宜蘭線鐵路跨過基隆河後鑽入的三貂嶺隧道。舊的三貂嶺隧道在新隧道的左邊，原三瓜子隧道後方的山內，宜蘭線拓寬雙軌時廢棄，全長有1852公尺，曾是日據時代列入全日本排名第十長的山洞。在其前面、三貂嶺車站對岸的三瓜子隧道被廢棄之後已深埋叢林間多年，早期只能知此地有一山洞而不知形狀、匾額題字為何。

1994年一連串的颱風過境，硬是把茂密的樹枝草叢給吹掉，而露出了令人驚艷的真面目。原來，它洞口的造形與一般山洞極為不同，上方有一類似山牆的三角形結構，而洞口上更題了「至誠動天地」五個大字，極為撼動人心。

新的隧道外形雖然了無新意，但洞口兩旁裝設水閘，以防大水時洪水由此灌入，此設計恐怕也是全台少見。

三貂嶺在早年於南下方向有一車庫存在，換乘平溪線列車的月台也還有一小段路要走。如今的站房改建後已無古味，反倒是一旁的號誌樓是極為值得一探的鐵道建築。如果，台鐵真的有心要多角化經營，不妨把此號誌樓打掃打掃，並將二樓改建成旅客中心。它那視野極佳的觀景窗，就像機場的塔台一般，可說是個現成的觀景台。若再利用平面空間展示些平溪線的歷史文物、圖片，則更能提昇鐵路旅遊的文化層次。

台灣鐵路支線旅遊的最大隱憂，就在於台鐵的消極經營，既不加掛車廂，也不好好保護珍貴文化財來吸引觀光客。三貂嶺站有極佳的條件可供台鐵利用，但台鐵自己可曾把它當做寶？

三貂嶺站風光。洪致文／攝

三貂嶺站月台上的號誌樓。洪致文／攝

台灣鐵路最奇特的「駝峰」
七堵駝峰調車場

七堵駝峰調車場。洪致文／攝

　　如果，您坐火車曾經經過七堵站時，驚見於它那麼大的鐵路站場，而對它的功能感到納悶的話，不要懷疑，它正是全台灣獨一無二，「背上長了駝峰」的七堵駝峰調車場。如今，它的規模尚在，但從1994年的7月起，已停止了一切「駝峰調車」的運作，而改為一般的「平面調車」方式。台灣鐵路的駝峰調車場，至此可說是真的「壽終正寢」了。

　　駝峰調車較之一般的平面調車，在效率上是增加了不少。傳統的調車方式，為了要重新編組一列有各種不同貨車廂的列車，必需由火車頭在站場內來來回回牽來拖去才能完成；而駝峰調車，即是在調車場的

中間填起一座小駝峰，鐵軌在駝峰上只有一股線，但隨著坡度的下降，由1分為2，再2分為4，這4條線又再各分出6條線；也就是說，火車由駝峰頂下滑，共有24條不同的路可走。

　　要重新編組的列車，只要推上駝峰，在控制室內的人員把通路都扳轉好後，一一溜放下去，即可很有次序、也很有效率地重組一列列的貨物列車。當然，為了這「精巧」的設計，駝峰調車場的軌道上裝有特殊的減速裝置，以及專用的號誌系統來控制這一切。

　　這座台鐵當年極為自豪的「傑作」，是於民國57年2月開工，61年3月1日完成，佔地長3.5公里，寬平均約

七堵前站重修前外貌。洪致文／攝

七堵前站重修後外貌。洪致文／攝

七堵駝峰調車場的一分為三道岔。洪致文／攝

200公尺，軌道總長57公里，道岔172付（包含相當少見的4付1分為3之轉轍器），每日預計的調車輛數高達3000輛之多！而且為了不影響調車作業，還建了一座鑽入地下的「機迴隧道」，給要進入機務段的火車頭行駛。除此之外，還購入了S400型柴電機車5輛，為駝峰調車場之專用機車。

七堵調車場廣義地來看(非以編制而言)，還包括了七堵機務段。該處曾是東線窄軌凸形柴液機車拓寬軌距用到最後的報廢解體之地；而曾被台鐵廢棄在該處的R1號柴油車頭，亦是號稱「台鐵第一輛柴電機車」的「站寶」，只可惜並未被台鐵所重視。

七堵由於這個調車場的興建，而使得前後站間的距離極遠，至少要走半公里才能經車場涵洞下從前站走到後站。所以有鐵道迷打趣說：還不如隨便挑班火車先坐到八堵，再往回坐要省力。因為，七堵前站只

停北上列車，後站只停南下列車，唯有這樣才能省時又省力。

七堵站的前站為一古老木造建築，饒富古味；而後站則極為有趣：一樓進站，二樓買票，三樓搭車，和台北新站的一樓進站購票，地下二樓搭車正好形成有趣對比。

七堵車站及調車場近年風波不斷，先是因為駝峰調車改為平面調車，而造成員工工作量大增，引起抗議並要求加發危險津貼；另一方面，前後站距離太遠也造成民眾很大的不便，而有民代表示「關切」。

總之，台鐵的貨運量不斷在萎縮，七堵調車場站的未來勢必將有所轉變，並且可能與南港客車調車場的遷移統籌考量。只是，我們這座全台灣規模最大、最完整的「駝峰」恐將就因此而消失了！

重生後的新北投火車站

重建於台灣民俗村的新北投站。洪致文／攝

民國76年淡水線鐵路停駛之時，曾引起了大眾對支線鐵路的一股狂熱，湧入的萬千人潮，當眞是這條鐵路開通以來所少見。就在鐵軌拆了，站房一間間倒下之際，從淡水線分叉出去的新北投支線終點「新北投火車站」，卻極幸運地被彰化花壇的民俗村所購去，經由仔細的拆解與組合，如今又矗立在民俗村的園區內。它的重生，是台灣鐵道建築保存的又一新里程碑，因爲在此之前，除了把與火車有關的建物原址留下來外，就是一拆了事，從來沒有像新北投車站這般搬遷後再保留的。

新北投支線建於1916年，全長有1.2公里，興建的目的是爲了搭載到附近洗溫泉的遊客。這幢站房於1937年完成，偌大的空間，較之淡水線其他車站來說實屬特別。在淡水線停駛之時，它的外觀塗色爲深綠色，與今天重建後的灰色有所不同；而因它是支線的終點而非中途通過站，所以設計成「丁」字形的終點站式設計。(「丁」字的上面一橫是車站的建築，中間的一豎是鐵道及月台的方向，兩者呈90度交角。)

由於新北投附近設有台鐵的員工訓練中心，所以新北投站在當年還設有一些「道具」供員工實習用。像是平交道柵欄、一輛早已退休的17公尺長30TP(或TPK)32600型長條椅通勤客車以及電氣化的架空線。特別是這一小段的假電氣化區間，還唬了不少人以爲捷運淡水線就是這樣把台鐵的路線加上電車線就完成了呢！

在淡水線快要停駛之時，台鐵還特地從嘉義送了一輛CK124號的蒸汽火車到新北投站來，以供日後陳列在員工訓練中心之中。如今這輛CK124號的老火車，已被安然地「供奉」在該中心，有興趣的鐵道迷不妨前往探訪。

話再說回現今原樣重建在台灣民俗村內的新北投火車站，它旁邊特別也擺了一輛向台鐵租來的CT273號蒸汽火車，雖然這個民俗村保存鐵道建築的用心值得喝采，但如果「吹毛求疵」的話，仍然有許多值得改進的地方。

像是它當初重建的位置便選錯了，原本進月台的

一端一踏出去即會「撞山」，它若要保存車站當年進站出站的功能重現，實不該把車站重建在山坡邊。而擺在一旁的CT273號老火車更是誇張，您可見過火車停在火車站外的嗎？它目前給人的感覺，只是一幢建築的保存而已，並不是一幢「鐵道建築」的重現啊！

不過，新北投車站被這樣保存下來確實也是令人值得欣喜的事，當年如果不把淡水車站拆掉，而是改建在如今捷運淡水站後方的河邊公園裏不也挺好？只是這種原建築搬遷保存需有極大的資金與耐心去面對種種的挑戰，新北投車站的保存成功實屬不易。但令人感到有點可惜的是：這樣千辛萬苦搬了幾百公里去重建，為什麼不好好把當年該站的規模忠實的呈現，而要平白地蹧踏了它呢？

淡水線停駛前的新北投站。洪致文／攝

新北投站房的細部特色。洪致文／攝

義竹車站

　　台糖鐵道的火車站，在客運停辦後大多已漸成廢墟而乏人管理，除了那些在辦理貨運列車交會、待避的車站仍能倖存外，多早已湮沒在荒草之中。布袋線小鐵路，是台糖最後停辦客運的幾條營運較佳路線，而其中的「義竹車站」，更是少數的長命站之一。

　　布袋線於日據時代是屬於鹽水港製糖所管轄，從新營站開出，經過工場前、太子宮、南門、鹽水、岸內、義竹、安溪寮、前東港而抵布袋，與台鹽布袋鹽場的鐵道相接，全長共21.4公里。其中，新營到鹽水間的客運在明治42年（1909年）5月20日即開辦；而從鹽水、岸內到布袋的後段，則要到大正2年（1913年）3月8日才開始營業。位於新營起算11.5公里的義竹火車站，便是在這時候正式開張的。

台糖義竹車站。洪致文／攝

　　義竹火車站站房的設置地點極有意思，它是建在閩南語中所謂「三角窗」的「Y」字形叉路分叉點上，剛好夾在兩條鐵路間的，正是這座火車站。因此，無論當年的火車乘客是如何進這個車站的，想必都必須跨越鐵道才能抵達。如果當時糖鐵像台鐵一樣立了一個「禁止跨越鐵路」的牌子，那恐怕守法的老百姓就真的很難踏進義竹火車站的大門了。

　　1994年時，義竹站的「招牌」，已經剝落得很離譜。因為，它只剩下「竹車站」三個大字，外來的火車迷只好從殘跡上去想像那個消失不見的「義」字。這樣的鮮事，台鐵其實也發生過。有一陣子，宜蘭線上的新馬車站的「新」字不見了，竟成「馬車站」，讓過往的火車乘客，懷疑自己是不是跑到民俗村裏去了呢？好好的火車站怎地變成了「馬車站」？

　　當時，義竹站內擺有一具糖鐵交會、分歧站常有的閉塞機，以確保在單線的鐵道上不會發生車禍，其區間是義竹到鹽水，只要火車有開，一定會有工作人員到該站辦理行車事宜。

　　義竹車站所屬的布袋線，由新營到岸內糖廠段為大小火車皆可通行的三軌制區間，後面這一部分才是糖鐵常見的軌距762公厘輕便鐵道。在台鹽鐵道還未停駛之前，布袋鹽場的農業用鹽都還要經過這條鐵路運往新營。所以說，通過義竹車站的這條布袋線，不只是條甜蜜蜜的糖路，有時，還會是條鹹鹹的「鹽路」呢！

台灣鐵道車站即景

基 隆 站

　　台鐵的基隆站，為清領時代即有的驛站，只不過與今天的位置略有出入。在該站的月台上，您可找到車站中心的地點，此即為縱貫鐵路的真正起點。由此往北沿伸的臨港線鐵道，在公里數前則加標一「N」字，用以表示為基隆站以北之意。

　　原有屋頂上還有鐘塔的老基隆站，建於縱貫線全線開通前的1907年，光復後被拆除改建，新站房於民國56年1月落成啟用，外觀極無特色且設計不用心。基隆人家鄉的玄關記憶，自此後只能常留心中。

令人懷念的老基隆站。(取自台灣鐵道史)

八 堵 站

　　悲情車站八堵，開業於明治32年 (1899年) 7月20日，隔著竹仔嶺緊臨著基隆站。如今老舊的木造站房雖已拆除改建，不過站外聳立著以火車為意像的二二八紀念碑，卻默默地向過往的旅客訴說著發生在1947年的慘事。八堵站為縱貫線與宜蘭線的分歧點，站內軌道配置長久以來便相當複雜，基隆、八堵間更曾一度同時擁有四軌的鐵道在使用。

八堵站外貌。

八堵站外的二二八紀念碑。

山 佳 站

現有山佳站建於日據末期昭和17年（1942年）8月
30日，不過其開業年代卻是在明治36年（1903年）10
月7日，可算相當有歷史的小車站。

它的月台正好設在彎道之上，因此火車停靠時，
常因傾斜而使小姐們爬不上車。它的車站大門亦十分
寒酸，竟是位於小巷子之內，外地人恐很難找到。

山佳站風光。

竹 東 站

竹東是內灣線上的大站，距新竹16.6公里。站內的
跨線天橋，是台灣現存的支線中途站，惟一擁有此設
施者。它站內的軌道極多，往台泥竹東廠的支線，更
是台鐵內灣線會賺錢的「衣食父母」。

竹東站外貌。

竹東站內景。

竹東站的兩個月台間有天橋聯絡。

九 讚 頭 站

　　內灣線九讚頭站房建於民國54年5月12日，其旁即是亞泥工廠。該站距新竹22.2公里，最著名的一景即是站構內的鳳凰花，每年花開時節，都吸引了許多國內國外的鐵道迷來此獵取鏡頭。

九讚頭站站房。

合 興 站

　　合興站站房建於民國42年，雖不算十分古老，但也曾有廣告片到此來拍攝，其車站最大的特色，即是那折返式的車場配置。

合興站站房。

民國84年的新竹縣文藝季，合興站是火車展示的場所。

內灣站

　　內灣站於民國40年9月11日開業，為內灣線之終點站，現有站房完成於民國57年6月16日，地勢較高要拾級而上是它最大的特色。其距新竹站有27.9公里，站外的老內灣戲院，亦是內灣地區重要的文化地標。

內灣站站場風光。

內灣站外貌。

內灣站內的內灣線通車紀念碑。

崎頂站

　　位於香山、竹南間的崎頂站，在早年過了現已廢棄的崎頂隧道後便到了。它開業於昭和3年（1928年）3月12日，木造站房可能就是建立於當時，目前已遭拆除。

崎頂站的外貌。

崎頂站站房的細部特色。

竹 南 站

　　台鐵竹南站距台北有97.1公里，爲山海線的分歧站，於明治35年（1902年）8月10日開業。剛於民國84年被拆除改建的老站房，興建於昭和11年（1936年）3月31日。從後站方向，分歧出一條往頭份工業區的支線，化學罐車的往來頻繁。

竹南車站早年的外貌。

拆除前的竹南車站內外。

海線各老車站

　　海線的木造老車站，建築形態上都極為相近，它們包括了談文站、大山站、新埔站、日南站、龍港站、追分站，其中有些已被拆除改建。它們大多完成於大正11年（1922年）10月海線開通的時期，於今都是因為台鐵的不重視，才得以倖存下來。另外，造於1936年4月的清水站，亦是十分有特色的磚造驛站。

大山站。

已拆除的龍港站。

日南站。

清水站

追 分 站

　　追分是取自日文分歧站意思的站名，由此分出的
「成追線」，可直接通往山線的成功站而不必南下到彰
化再北上。是台鐵山線因故不通時，列車改經海線到
台中的捷徑。

　　追分站是台鐵所有木造車站中，唯一保存木質原
色的老站。它與海線其他老站一樣完成於大正11年
（1922年），不過民國68年9月經台鐵重新整修保存，
故得以完好保留至今。

追分站的外貌。

追分站內外均充滿了木質原色之美。

苗 栗 站

　　台鐵苗栗站是山線上的大站之一，曾因有兩輛蒸汽火車停放於此而受人注目。圖中站房完成於民國61年10月1日。外觀原為一圓弧形，後來改建形態而成今貌。機務分駐所旁的老車庫，是1935年大地震後重建，相當有意義的鐵道建築。

苗栗車站外貌。

泰 安 站

　　泰安站原名大安驛，大正元年（1912年）11月10日開業。右圖中站房為1935年大地震後於1937年12月重建完成者。

從月台上看泰安站站房。

泰安站外貌。

被1935年地震震毀的泰安站（當時名叫
大安驛）。

石 岡 站

東勢線的石岡站，是當年這條支線的中途大站。
該線會被拆除，石岡地區抗議鐵路阻礙城鄉發展的「民

意」是主因。該站房完成於民國48年1月，陪著東勢線
一直到民國80年8月31日停駛爲止，如今已被拆除。

石岡站外貌。1989.10.8.

停駛時的石岡站被破壞至此慘況。

東 勢 站

東勢站的造形十分有現代感，完成於民國48年東
勢線開通之時，其站內月台的柱子相當特殊，是那個
年代台鐵少有的好作品。

東勢站外貌。

東勢站候車室。

東勢站站場。

東勢線最後一天的人潮。

二 水 站

　　台鐵二水站為集集線的分歧站，於明治38年（1905年）1月15日開業，現有站房建於昭和10年（1935年）3月31日。站外鐵路邊擺有一輛CT278號蒸汽火車，於鐵路上即可看見。

二水站外貌。

集 集 站

集集車站是集集線上唯一倖存的日據時代車站，完成於昭和5年（1930年）2月2日。因為不少的廣告片拍攝，而成為集集線有名的景點。

集集車站是全國有名的老車站。

集集站內仍有員工在辦公時的樣貌。

集集站內的閉塞機。

斗 南 站

台鐵斗南站於明治36年（1903年）12月15日開業，是轉乘糖鐵到虎尾的換乘車站。圖中老站房依台鐵的記錄，係建於終戰前的昭和20年（1945年）3月31日。

斗南站外貌。

斗南站內景。

嘉 義 站

　　嘉義站於明治35年（1902年）4月20日開業，現有站房完成於昭和8年（1933年）6月20日。前站側可轉乘阿里山小火車，後站側則原可接駁糖鐵五分仔車往北港或朴子。糖鐵停駛後，現已改為台鐵的嘉義後站。

嘉義站風貌。

水 上 站

　　台鐵水上站於明治35年（1902年）4月20日開業，現有的二層建築形態十分奇特，台鐵的資料是民國54年改建，不過售票處及月台上的遮雨候車室卻日本風味十足，顯為戰前之作。於今看來，亦不失古風。

水上站月台上很有特色的候車室。

水上車站外貌。　　　　　　　　水上站的站房內景。

南 靖 站

　　台鐵現有的南靖站房建於1943年7月，係戰時之作，類似斗南站的建築形態。該站早年係稱做「水上站」，變遷與糖廠有關。

南靖站外貌。　　　　　　　　　　南靖站站房內景。

後 壁 站

　　台鐵後壁站與嘉義站的開業時間相同，不過現有建築，卻是與林鳳營站一同於昭和18年（1943年）9月興建的木造車站。這兩站的外觀幾乎一模一樣，可說是同一設計圖的雙胞胎建築。

後壁車站外貌。

後壁站站房內部。

台 南 站

　　古都台南的玄關——台南火車站，是個距台北328.9公里，明治33年（1900年）11月29日就開業的老站。

　　現有的台南站房完成於昭和11年(1936年)，與嘉義車站同屬太平洋戰爭前的日據後期建築作品。它的外觀雖似RC建築的方方正正，不過細部雕琢及月台上的鐵鑄花紋雨篷骨架，都顯示其製作時的用心。

　　這幢府城最氣派的車站完成後，最出名的就是它在車站空間內還附設有旅館。

　　在1908年縱貫線全通之際，同時開張的，還有位於台北車站對面的鐵道飯店。這家全台最早的西洋式大旅館，一直到戰時被炸毀，就只有附屬於台南站二樓的一家分店。當時的台南火車站除了是搭車的驛站外，二樓的飯店更是外地人喜歡住，本地人用來招待來客最體面的選擇。目前老東京車站，亦保存了類似格調的車站旅館在營業；且因佔了地利之便，會議廳更常成為全國性聚會的地點。反倒是我們的台南站，因台鐵的無意經營而傾頹、破敗，令人遺憾。其實，台鐵若將其二樓整個空出租給大飯店營運，縱使不再用來當做旅館，改為高級西餐廳、咖啡廳又有何不可？台鐵不用自己經營，只要租給別人收租金，就比現在閒置不用要好多了呀！

　　事實上，在台南站方正格局中，還是有不少的空間趣味存在。挑高的大廳與二樓拱形迴廊的內部設計便是其特色。

　　近來台南鐵路地下化要拆除老車站的呼聲不斷，其實鐵路地下化只要好好設計，並非一定要毀掉老站房才可。倒是台鐵應該再加把勁塑造台南站唯一有寬廣二樓西洋式空間的特色，才能讓台南站保存下來更有意義且更有價值。

第一代的「台南停車場」。

台南站站房外觀。

台南站站房內部。

台南站第一月台風光。

台南後站

在台南車站的另一側，靠近成功大學一邊，有幢小小的站房，那即是民國66年3月19日完工的台南後站。此站面積極小，不過卻可由窗戶一覽台南站內火車來往的景觀。未來台南鐵路若地下化之後，後站的名稱勢必如同台北站般消失。

台南後站。

九曲堂站

九曲堂站於明治40年（1907年）10月1日開業，為鳳山支線的終點站。大正3年（1914年），九曲堂、屏東間的1526公尺「下淡水溪橋」完成，該站才成為中途站。

改建前淺綠色塗裝的九曲堂站完成於昭和16年（1941年）的戰爭時期。近年站房改建後，曾閒置一段時間，不過現已拆除。反倒是站外為了紀念飯田技師督造「下淡水溪橋」的紀念碑完好保存著，成為舊九曲堂驛給人的唯一記憶。

九曲堂的新車站。
現已拆除的九曲堂舊站。1990.7.

西 勢 站

　　屏東線的老西勢站，為大正8年（1919年）才開業
的小站。舊式站房為民國39年（台鐵記錄）完成的建
築，亦不失支線驛站風情，只可惜如今已被拆除。

西勢站站房（現已拆）。

竹 田 站

　　竹田站建於1939年，是相當有特色的木造小站。
原本，台鐵要將它拆除，但在地方民眾的力爭之下，
終獲保存，如今竟成屏東線狀況最好的一幢木造車站。

竹田站站房。

鎮 安 站

　　鎮安站開業於昭和15年（1940年）7月19日，與東
港線同日誕生。該站因爲是東港線的分歧站，因此全
盛時期的站場規模並不小，第二月台是東港線的專用
月台，還有箭形小碑指示乘車地點。民國80年2月28日
東港線停駛後，鎮安站迅速沒落，今已遭拆除。

漂亮的鎮安站如今只存記憶中。

鎮安站站房。1989.10.

東 港 站

　　台灣最南鐵路客運支線——東港線的終點「東港站」，據台鐵的記錄，在該線開業前1年的昭和14年（1939年）便已完成。在民國80年東港線光榮停駛退休後，該站被廢棄了好一段時間，而且還被不肖民眾破壞。如今該站已被拆除，永遠消失。

東港線短編成的列車駛抵東港站。1990.7.
東港站站房。

佳 冬 站

　　台鐵屏東線雖在昭和16年（1941年）時全通至枋寮，不過3年後卻因戰事吃緊而把林邊至枋寮的鐵路給拆除，一直到民國42年1月16日才復軌通車營運。

　　佳冬站便是位於這段路上的車站，最早的開業年代為昭和15年（1940年）7月1日，現有新站房的前一代老車站，是建於民國41年的復軌通車年代，其雖為光復後的作品，不過仍不脫日據後期車站形制。

佳冬站風光。

東海、建興站

在光復後林邊、枋寮段復軌之際，設有的中途車站還有東海與建興。不過這兩站的格局很小，只有一個月台、一條通過線，連售票的小站房都附設於月台之上。建興站目前已廢站拆除而消失。

東海站。

建興站。1989.10.

枋 寮 站

枋寮站最早的開業時間是昭和16年（1941年）12月15日，終戰前因戰事吃緊鐵路被拆而停業至民國42年才又開張。在南迴線開通後，已由西線最後火車站轉變為中途站，原有建於民國56年還算新的站房，也被拆除改建成宏偉的大車站。

現已拆除的枋寮站。1989.10.

台 東 站

　　在台鐵南迴線通車後，分歧點台東新站的豪華氣派，與台東站的小格局形成一大對比。不過，現有的台東站場，是從窄軌時代一直沿用迄今的車站，最初的開業年代是大正11年（1922年）4月20日，現有站房建於民國50年，站內的木造老車庫，反而是台東站最有特色的建築。

台東站站房格局很小。

玉 里 站

　　台東線玉里站大正6年（1917年）11月1日開業，現有站房完成於民國52年12月26日，係窄軌東線時代沿用迄今者。曾有一度，報廢的窄軌蒸汽機車，全放置於此站旁的木造大車庫中，後來火車被解體、車庫被拆除，窄軌蒸汽火車風情遂因此而消失。不過由窄軌柴油車改造而來的「東線小叮噹」──DR2000型及DR2050型，因為運用的關係，直到1996年春，都還常有至少三組於大白天停放於此站內，是鐵道迷看此型老車的好地點。

玉里站外貌。

花 蓮 舊 站

　　窄軌花蓮舊站因都市計劃的重新設計，已拆除而完全不復當年面貌。該站房係完成於民國38年6月，是窄軌台東線相當重要的北端起點大站。台鐵原有意於此興建鐵路博物館，無奈因都市計劃關係而作罷。

日據時代的花蓮站（當時稱花蓮港驛）。

民國38年完成的花蓮
舊站。

頭 城 站

在宜蘭線的各站中，頭城站亦可算是大站，不過
其車站站房面積極小，大約只有宜蘭站的三分之一，
完成於民國52年6月4日。

頭城站站房。

侯硐站

侯硐站開業於大正9年（1920年）1月27日，站旁
的瑞三煤礦大廠房較之車站本身更吸引人。不過該站
所有客運相關設施，包括售票口、候車室、剪票口……
通通設在二樓，亦算是一種少見的車站格局。

侯硐站的站
房設在二樓。

侯硐站的站場十分出名，常有歌星來此拍攝MTV。

瑞芳站

　　瑞芳站於大正8年 (1919年) 5月5日開業，是深澳線的分歧站，當年為了該線的業務，還設有後站賣票。此站的設計相當少見，前後站間地下道是任何人都可自由通行；要搭車的乘客則要看列車停靠的月台，尋找剪票出口上地面層。這種設計看似合理，不過時常假日人一多，站員又不提早開剪票口，地下道便常人滿為患蔚為奇觀。

瑞芳站站房。

瑞芳後站原是深澳線列車在使用。 1989.8.

暖 暖 站

　　宜蘭線的暖暖站開業於大正8年(1919年)5月5日，是台鐵宜蘭線活到最後的一幢木造車站。不過在1994年這幢站房亦不幸被夷爲平地，令人不勝唏噓。

暖暖站內部。

暖暖站站房。

十 分 站

　　台鐵十分站是平溪線上人潮最多的站，或許是拜十分瀑布之盛名所賜。該站的進出站及購票動線很詭異，彷彿就是鼓勵乘客逃票，不過也許是當地原本民風純樸，才會有如此人性化的考量。站外的吊橋，其實亦是該站的特色之一。

十分站站房外貌。

從吊橋上望十分站站場。

菁 桐 站

　　平溪線的終點菁桐，是該線唯一僅存的一座木造老站房，不過就建築形態來看，倒沒有豪華的木構設計，反而是單純的功能取向。

菁桐站未重修前的樣貌。1989.8.

菁桐站構內的風景。

雙 連 站 （已拆）

　　淡水線的舊雙連站，是該線的貨運主力站，木造站房完成於昭和18年（1943年）4月8日的大戰末期。弧形的月台，曾令人記憶深刻。

雙連站站房。

北 投 站 （已拆）

　　由於搭淡水線火車到新北投要在北投站換車，所以不少人對該站都仍有印象。此站房完成於昭和9年

（1934年）10月30日，四週的田園景像，與如今捷運站完工後的大樓林立，給人有滄海桑田之感。

北投站風光。

北投站內景。

關 渡 站 (已拆)

　　淡水線的關渡站，月台端即是該線唯一的山洞——關渡隧道。其弧形的月台旁，木造的站房完成於昭和15年（1940年）10月28日。由於關渡站的站房緊鄰著市街，所以很難拍攝站房正面相片，只好由站內來想像其格局。

關渡站站房。

俯視關渡站。

淡 水 站 (已拆)

　　台鐵淡水線停駛時的淡水站，是一棟完成於民國40年1月3日的車站建築。因為淡水線的高知名度，相對地它給民眾的印象亦相當深刻。

淡水站站場。

淡水站站房。

台糖布袋站

　　台糖布袋站位於新營起算約22公里的布袋線終點，於大正2年（1913年）3月8日開業，是糖鐵與鹽鐵的相接站。現有站房為人所佔據，故未荒廢。

台糖布袋站。

台糖隆田站

　　台糖隆田站舊名番子田驛，是隆田線的起站，亦是與台鐵相接之站。它於明治42年（1909年）6月1日開業，是通往麻豆、佳里的門戶。

台糖隆田站站房。

台糖大崙站

台糖大崙站的站場極大，其實它就是設在斗六糖廠旁的車站。它於明治45年（1912年）2月18日開業，斗六至大崙爲該廠最先完成的聯外鐵道。

台糖大崙站站房。

台糖南員林站

台糖南員林站距員林站只有200公尺，是昭和8年（1933年）12月25日才增設的站。它位於平交道之旁，如果不注意，恐怕會誤爲是個平交道的看柵工房。在糖鐵員林站已不存的今天，它可是台糖員林線往溪湖辦理閉塞的終端站。

台糖南員林站。

台糖牛斗山站

在台糖北港線上，牛斗山站是個中途的交會大站，在運轉上有重要功能。它於明治44年（1911年）8月30日開業，距嘉義約6.8公里。

北港線上的牛斗山站。

台糖斗南站

　　台糖斗南站是糖鐵相當大的客運車站，亦曾是南北線的北端起點。它於明治43年（1910年）1月31日開業，距虎尾4.5公里，位置就在台鐵斗南站外，現已遭拆除。

現已被拆的台糖斗南車站。

如今仍在運作的台糖斗南站，是照片中左側的小屋。

台糖溪湖站

　　台糖溪湖站是溪湖糖廠的門戶，員林線與鹿港線即在此以Y字形會合。它於大正11年（1922年）2月3日開業，爲目前台糖濁水溪以北最大的車站站場。

台糖溪湖站。

台糖鹿港站

現存的台糖鹿港站，雖是溪湖到鹿港的鹿港線終
點，不過它當初卻是另一條由彰化開來，由新高製糖
所經營的新高鹿港站。它於明治44年（1911年）8月26
日開業，是糖鐵兩個鹿港站之一。

台糖鹿港站。

林鐵北門站

阿里山林鐵北門站可說是其平地段的大本營，於　　仍完好保存著。
明治43年（1910年）10月1日開業，現存的木造舊站房

林鐵舊北門車站。

林鐵鹿麻產站

位於阿里山林鐵北門、竹崎間的鹿麻產站現雖已
廢站,但原有木造站房卻仍留存在鐵道邊,它與北門
站為同一時間開業的元老級車站。

林鐵鹿麻產站。

林鐵竹崎站

阿里山林鐵平地段與登山段的分界,正是現役中
唯一的木造站——竹崎站。由於它是火車要登山前的
最後一個補給站,因此有許多專門設來給蒸汽火車使
用的添煤加水設備。牛稠溪橋側的站場,還有一條調
頭的三角線呢!它的開業年代與北門站同,是阿里山
林鐵最早開業的車站。

林鐵竹崎車站。

林鐵舊起湖站

在奮起湖新站旁,有一幢木造的老房子留了下來,
那即是奮起湖舊站。它於大正7年(1918年)8月15日
才開業,是整條阿里山林鐵登山段的中點站,高山便
當頗負盛名。

林鐵舊奮起湖站。

台灣車站面面觀

洪致文／攝

上員站。

朴口站。

麟洛站。

中和站。

捷運新北投站。

崁頂站。

桃園站。

板橋站。

頂埔站。

潮州站。

海濱站。

鼓山站。

濁水站。

台東新站。 深澳站。

斗六站。

新城站。

和平站。

和仁站。
北埔站。

吉安站。

南澳站。

豐原站。
花蓮後站。

景美站。

漢本站。

白沙屯站。

羅東林鐵竹林站。

梅子站。

南平站。

石城站。

火車站的塔台——號誌樓

在飛機場中，塔台是管制飛機起降的管理中樞，如果沒有它，地面要離場與天空要進場的飛機一定亂七八糟；當然火車也一樣，不好好安排、調度進出站或調車，也一定會亂成一團。這有「火車站的塔台」之稱的特殊鐵道建築，即是觀景位置極佳，四面均是窗的「號誌樓」。

在早年，火車不管幹線上行進或站內調車，都是車站就地控制，並無統一管理的調度系統，因此調車繁忙的大站，便得有號誌樓的興建。台鐵在北、中、南各設立了CTC中央行車控制中心後，除了少數大站進出站仍由它控制外，多已交給CTC去傷腦筋了。台鐵的CTC調度中心建築多沒什麼特色，其中較值得一提的，就是後來遭廢棄，孤立於台鐵新北投員工訓練中心後方山坡上，曾被歌手殷正洋用來拍攝MTV的那一座。

這幢必需拾級而上的CTC調度中心，大概是為了戰時的考量，而疏散至一個沒有火車到的山頭上。它

基隆站的號誌樓。洪致文／攝

的建築形態，充滿了ART DECO的近代風格，側邊的調度室基座、面板，都仍清晰可見，只可惜廢棄已久，只能當做MTV的場景。

　　台鐵多數的號誌樓，均與CTC調度中心四面是牆，不知外面情形（僅用通訊、號誌對外聯絡）的狀況完全相反。它們的觀景位置都極佳，有些甚至還有凸出一類似指揮台的小結構，可供調度員於此醒目位置擺出各種「旗號」。而它最主要的功能，則是控制站場上密佈的許許多多轉轍器。那專司火車分道、合流的道岔，都會從各處拉一條條的鋼索到號誌樓來，再運用各種滑輪、聯動之機械結構，把盤根錯結的鐵道，管理得亂中有序。這種號誌樓的基座，其實就是精密的大玩具，只不過從外觀上瞧不出來而已。

　　台鐵現存的舊式號誌樓已不多，竹南站、高雄港站與三貂嶺站都還能看見；不過，其數量，還是沒有「號誌樓之鄉」——基隆來得多。

　　基隆站站場兩端即各有一座典型的號誌樓，繼續延伸的臨港線上，亦有這種舊式號誌樓在管制著重要區域或站場。像是外港線12號碼頭處的雙K道岔，是控制著仙洞調車場的咽喉處，因此有座號誌樓立於其旁監控著；外港線與台肥支線的九十度平面交叉處，也是通往鐵公路併用復興隧道的要衝，所以設有一座小平房（稱「第五號誌樓」）來管理。

　　此外，七堵駝峰調車場的鋼筋混凝土造號誌樓，那圓弧形的觀景窗亦極有特色；糖鐵斗六糖廠外大崙

基隆港區雙k道岔旁的號誌樓。洪致文／攝

三貂嶺站月台旁的號誌樓。洪致文／攝

高雄港站的號誌樓。洪致文／攝

華山站的號誌樓。洪致文／攝

七堵駝峰調車場有圓弧形的展望台號誌樓。
洪致文／攝

車站及岸內糖廠路線十字交叉旁的號誌樓，也是糖廠鐵道很少見的建築。不過最特別的，莫過於新營糖廠的南北線調度中心了。它整個調度室就像一座天橋般橫跨於好幾條鐵道之上，由此望出整個站場一覽無遺，室內除了有好多台的閉塞機外，亦有許多調度電話，並有專門人員管理整個南北線列車的運用及行車計劃，是名副其實的糖鐵運轉中樞。

　　或許今天這些老式的號誌樓，已因新科技的發明而不再像當年風光，然而它卻將永遠是台灣多樣的鐵道建築中，永遠不應被遺忘的一群啊！

台灣鐵道的車庫建築

台灣最後一座扇形車庫——彰化扇形車庫。洪致文／攝

彰化扇形車庫的保存運動，是歷史性鐵道建築保留過程中，成功跨出車站範疇的好範例，格外值得國人珍惜。然而，台灣現存、或曾經存在過有特色、有歷史意義的火車車庫當不只有這一座。直到1996年春仍健在的苗栗車庫、台東窄軌火車車庫、阿里山奮起湖木造車庫……，都值得我們付出關心。因為，類似的鐵道文化資產快速在台灣消失，如果再拆，就永不復見了啊！

台灣曾經存在過的火車車庫，當屬扇形車庫（Round House）最富特色，而且是蒸汽火車時代最有代表性者。其輻散出去宛如扇形的一間間車庫，都是給蒸汽火車整備、維修之用而設計；並且有顧慮到蒸汽車不方便倒著行駛，最好能一百八十度大迴轉的特性，而在中心設有一轉車盤，所以說扇形車庫是蒸汽火車時代的見證一點也不為過。

以往台北機務段(現台北新站位置)、高雄港站旁、新竹站南下左側(現通勤電聯車基地)、嘉義機務分段、高雄機務段……等處均有扇形車庫存在，但如今都已一一拆除，僅存的一幢即是彰化機務段的那座。或許有人認為建於大正8年（1919年）的火車車庫，是稱不上「古蹟」；但是，類似的產業文化資產、鐵道建築已是最後一座時，我們就應該以珍惜近代文明進步軌跡的心態，好好保護它。

彰化扇形車庫的建築，與海線的完成有著密切關係；而位於山線苗栗的一座現存火車車庫，則是台鐵第一座為了電力機車進出、維修而規劃的車庫。

昭和10年（1935年）新竹、台中地區發生了一場大地震，除了山線鐵路、橋樑多處被破壞外，苗栗的磚造車庫亦被震毀。重建之時由於顧慮到山線坡度大（千分之二十五），長大列車行經此段都要加掛補機

彰化扇形車庫內外。洪致文／攝

彰化扇形車庫也停有電力機車。洪致文／攝

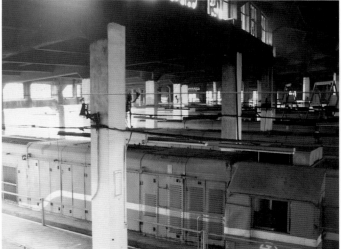

目前已拆除的嘉義扇形車庫。洪致文／攝

高雄港站旁的扇形車庫（已拆）。洪致文／攝

新竹的扇形車庫（已拆）。洪致文／攝   台中糖廠內的糖鐵扇形車庫。

日本的梅小路扇形車庫，在鐵道百年時整個被列為博物館保存。洪致文／攝

基隆站構內的車庫。洪致文／攝

1935年時被地震震毀的苗栗車庫。

地震後重建的苗栗車庫，是台鐵第一座為了電力機
車而設計的車庫，只可惜至今仍未有電力車駛入。

苗栗車庫今貌。洪致文／攝

（EK900型蒸汽車便是為了補機任務而購入），所以為了加大牽引力，並防止山洞內煤煙過多造成窒息，山線鐵路在當時便有首先電氣化的規劃。

基於此因素，1937年完成的新苗栗機關庫，便一改以往大站使用扇形車庫的傳統，改以直線長形的方正設計方便電車線的架設。不過，其細部的建築形態與設計，仍不脫蒸汽火車的使用要求，因為山線電氣化的藍圖一直到終戰時都未實現，這座規劃要給電力機車的車庫，只好一直委曲「降級」使用。

如今，它早已不停台鐵一般的火車頭，而是供工務段的一些檢修車做為棲身之所；其車庫外的路線，亦常停放各式工程車、宿營車，真正入苗栗機務分駐所的機車頭，則是停放在過去的煤台附近，早已不入車庫。

苗栗這幢造型介於蒸汽火車與電力機車時代間的鐵道車庫建築，其實同樣有時代性的意義，如果未來台鐵不再使用，極適合做為電力火車的展示博物館，亦能做為舊山線開發成觀光鐵路時的一個據點。

若我們把空間由西部移到東部，在花東線的台東站北上方向，鯉魚山下的鐵道末端，則會發現一座建

上圖右側中間的車庫，是台東線早期就有的老車庫。

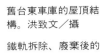

舊台東車庫的屋頂結構。洪致文／攝

鐵軌拆除、廢棄後的台東車庫。洪致文／攝

拓寬軌距後的台東車庫。洪致文／攝

侯硐站旁的車庫。洪致文／攝

於本世紀初期，窄軌台東線南段完工時就極可能已存在的古老雙線蒸汽火車車庫。

其外觀饒富趣味，屬於半木造的結構。其上部為雙層屋頂，並曾樹有兩排的排煙煙囪；下半部則以水泥敷面，並塑造出和式建築的裝飾線條趣味。車庫正面大門為木造圓拱形，其上還有一個六角形的通風孔，是窄軌台東線時代最後一幢殘存的木造窄軌蒸汽火車車庫。

其實，純木造的火車車庫經典作品，則應到阿里山森林鐵路去找。不過，很不幸地，阿里山舊站、北

高雄機務段的車庫。洪致文／攝

羅東林鐵竹林車庫。古仁榮／攝

花蓮舊站窄軌時代的車庫。洪致文／攝

竹林車庫內景。洪致文／攝

阿里山林鐵舊起湖車庫。洪致文／攝

新營糖廠車庫。洪致文／攝

烏樹林的車庫。洪致文／攝

溪湖糖廠車庫。洪致文／攝

大林糖廠車庫。洪致文／攝

門車庫都不是被拆除就是被火燒掉而不存，只剩下奮
起湖車庫孤立於登山鐵路的中途。

　　奮起湖車庫有二股軌道進入，內部以木材搭起的
支撐結構十分壯觀，外側表面雖漆成綠色，但內部則
仍保留木頭原色。現在其內停放25、28及29號三輛蒸
汽老火車，是不少火車迷樂於造訪的地點。不過，內
部光線太暗，或多或少影響了我們的觀察，這或許是
令人有些遺憾的美中不足處。

　　台灣除了這幾幢較有特色、較值得保留的車庫之
外，已拆的台鹽布袋車庫及台糖台中糖廠扇形車庫亦
都是不錯的作品。如今台糖各糖廠（諸如：新營、溪
湖、岸內……等）一字排開，縱深較短，但寬度卻長
的車庫，也十分有特色，反倒是台鐵一些用鋼浪板、
鐵架速成搭起的新車庫，極沒有設計概念，而讓人更
加懷念過去那個連產業建築都要融入人文色彩、各種
建築表情的時代。或許，也唯有真正用心設計的鐵道
建築，才值得我們加以保存、永傳後世。

岸內糖廠車庫。洪致文／攝

布袋鹽鐵車庫。洪致文／攝

台灣的火車隧道

在台灣的鐵道歷史上，有過不計其數的山洞隧道，它們雖是火車旅程中不可避免的「黑暗地帶」，不過穿山而出乍見陽光的那一刻，卻會讓人有前途光明的感受。小學課本裏，「1、2、3、4……」地數著數，也同樣是你我童年坐火車的最大樂趣。這樣的感受，這樣的回憶，正是火車隧道的迷人之處。

這些山洞的工程，往往是路線興建過程中非常艱難的瓶頸，不過若從鐵道建築的觀點來審視這些隧道，其洞口的用心營造、堆砌各種風格，反倒成為極重要的焦點。尤其一些本世紀初完成的隧道，洞口還有傳神的題字，更令人非常「震撼」！

◈台灣最早的火車隧道

台灣第一座的火車山洞，是目前被內政部列為三級古蹟的基隆、八堵間獅球嶺隧道。它是清朝劉銘傳興建台灣鐵路時的一大工程，從光緒14年（1888年）春開始動工興建，一直到光緒16年夏才完成。北端的洞口為岩壁自然鑿出，並未砌上磚石，故天然風格極濃。其洞口高5公尺，據考證是測量有誤所造成，因此由大洞進入之後，洞徑又突然恢復正常，形成有趣的「洞內洞」。

這一端雖然較無人工砌拱的古蹟特色，不過一般人尚有機會前往瞻仰；另一端南口因位處軍事區之內，所以外人是無緣得見。

南口的外表以紅磚砌拱，並有劉銘傳題的「曠宇天開」四個大字，原本已斑駁不成原貌，後經整修復元，現已恢復原有宏偉外觀。

◈台北基隆間的隧道

縱貫線台北以北的路段，是台鐵西部幹線火車山洞集中的一處，另一地點則是還未改新線前的舊山線。

基隆、台北間的鐵路，由於日本佔領台灣後覺得

台灣最早的火車山洞——獅球嶺隧道。

縱貫線竹仔嶺隧道。洪致文／攝

路線標準太差，所以提出了改良新線的計劃，現存的幾座老隧道，便是這段時期的作品。

這些老山洞中，以台灣鐵道隊時代興築的竹仔嶺隧道及歷經許多艱難過程才最後完工的五堵隧道最為值得一提。

竹仔嶺隧道位於八堵、基隆站間，跨過基隆河後的不遠處，為日本人興建來代替老獅球嶺隧道的。它於明治29年（1896年）5月3日開工，翌年3月底舉行貫通式，明治31年2月2日完成，13日於東口辦了一場盛大的開通式，十足地風光。

由於其隧道之旁有二條水柱從上而下，宛如雙龍，因此鐵道隊長曾親題了「雙龍」兩字，並且因此瀑布之故，竹仔嶺隧道還被稱做「瀧の本隧道」。

在大正13年（1924年）宜蘭線全通之際，鐵道部亦同時興建了地勢較高的另一座竹仔嶺隧道給縱貫線走，原有的舊線則給宜蘭線用，使得基隆、八堵段為全台灣少見的四軌幹線區間，而且還有兩座併排的雙線山洞呢！

宜蘭線的基隆、八堵段雙線在二次大戰期間曾停用，於民國37年7月才又修復通車，不過後來卻被美籍顧問摩斯（Morse，即那位台鐵還改造了一輛有瞭望台的木造「摩斯車」給他專用的顧問）建議拆除上行線，而改為單線行駛，讓人覺得隧道淨空出奇的大。民國80年6月底，台鐵為配合台五線公路的拓寬，乃拆除了這段鐵道以利施工，不過山洞隧道依舊存在，台鐵已改線後沿用此洞重建這段路呢！

至於紅磚砌拱的五堵隧道，則是台北、基隆段施工遭遇最多困難之處。

它的最初設計，同樣為雙線隧道，於明治29年（1896年）2月12日開工，但卻碰上三回大崩落的災變，因此翌年不得不中止施工。明治32年5月23日，重新選定的單線路線開工，並於年底12月23日完成。

現存五堵、七堵間東正線五堵隧道的南口，題有「見可而進」4個大字，為明治32年7月被任命為基隆、

宜蘭線竹仔嶺隧道。洪致文／攝

基隆外港線上的復興隧道。洪致文／攝

造橋隧道南口。洪致文／攝

台北間改良線主任的新元鹿之助技師所寫。

除了這兩座特別的隧道外,基隆臨港線上的「復興鐵公路併用隧道」,亦是台灣眾山洞中的「怪洞」之一。

在早期的鐵公路併用路線上,共用情況以橋樑居多,山洞很少,特別是非輕便鐵道的台鐵線路更幾乎沒有。民國40年代中期興建完成的基隆臨港線外港特種貨碼頭聯絡線(簡稱外港線)之復興隧道(隧道上方題字年代為民國44年),便是極為特殊的一座。

它的全長有1.02公里,台鐵為了好好「指揮交通」,不讓火車、汽車爭道,於行車規章中還特頒了「基隆外港線復興隧道行車管理須知」,讓員工有所依循。

◈舊山線的老山洞

山線鐵路的山洞數目之多,是非常容易想像的事。它們雖然在昭和10年4月21日的新竹台中州大地震中被嚴重毀損,不過歷經3年的重建後,亦堅固地屹立迄今。雖然新山線完工後,舊線上的老橋老洞都將功成

身退,不過其優美的造型與令人回味的歷史意義,卻值得我們將它永久保存起來。

這些老隧道由見返坂隧道打頭陣,為山線鐵路由北而南算的第一座。它於明治36年(1903年)4月20日竣工,北口有「穿月」、南口有「噴雲」的民政長官後藤新平字跡匾額。此隧道又稱西坑尾隧道,因位於西坑的尾端之故。西部幹線電氣化時,改建了一座新的造橋隧道來代替它,使得見返坂隧道廢棄於其旁,北口甚至還被土石所吞沒一半呢!

見返坂隧道位於造橋、豐富(舊稱北勢)站間,新造橋隧道一出來後,便是大名鼎鼎,發生多次慘重事故的134號誌站。1935年的大地震後,重建工程最晚完工的隧道即是它,不過工期只花了昭和13年(1938年)的3月到4月,損害並不嚴重。

緊接著見返坂隧道的,則是苗栗站南的苗栗隧道。這座山洞於明治36年3月31日完工,北口有台灣總督兒玉源太郎所題的「功維敍」三個大字。1935年的地震

左邊草叢中藏著的是舊的西坑尾(造橋)隧道。
洪致文／攝

寫著「功維敍」字跡的苗栗隧道北口。洪致文／攝

之後，於昭和13年2月整修完竣，恢復通車。

其北口的造形非常漂亮，紅磚砌拱的外觀彷彿一座城堡。「功維敍」的字跡台鐵還用金漆塗上，可說是日據時代興建的紅磚隧道中，最漂亮的一座。不過很可惜，它的左上角在一次土石崩塌時被摧毀，而不能保存完整面貌。如果我們視它為重要鐵道文化資產，實在應該修復為原貌才對。

由苗栗隧道而下，南勢站南下方向，又有一座舊稱「銅鑼灣隧道」的老山洞。這座隧道目前已被封死，由電氣化後新建的銅鑼隧道代替。舊的銅鑼灣隧道於明治36年8月26日竣工，北口已湮沒在草叢間，不過在公路上還是可略窺其遺跡；至於南口，若沒有熟悉地形者帶領，便很難找尋到。

銅鑼隧道過後，便是一連串以數字來命名的山洞。1號隧道於明治37年8月19日竣工，並無任何題字。一出此洞，台鐵路線最高點的勝興車站隨即在望。

勝興站舊稱十六份，兩端均是山洞，南下前行馬上鑽入2號隧道。

2號隧道完成於明治38年2月28日，洞口上方題有民政長官後藤新平書寫的「開天」兩個大字。由於這座隧道非常靠近勝興站，很容易抵達，所以成為山線觀光的一大勝地。喜歡鐵道旅遊者，到這山線最高點的勝興小站時，若不到開天2號老山洞走一遭，真可說是白來了。不過台鐵未做好旅遊路線的步道規劃，使得遊客親近老山洞的危險性增加許多，這是山線鐵路觀光化後，亟需改進的地方。

二號隧道北口電氣化後的情景。洪致文／攝

二號隧道北口重修後之樣貌（其上題有「開天」字跡）。

地震後二號隧道重修之起工式。

二號隧道南口。

鐵路穿出2號隧道，跨過魚藤坪橋，便會連續通過四座山洞，此即為山線的「連續隧道區」。這四座編號為3、4、5、6號的隧道，均沒有題字，最長者為3號，依序為5號、6號與4號，完成年代在明治38年6月到39年的4月之間，一洞接一洞的「坐火車過山洞樂趣」，於此表露無疑。

火車一出6號隧道，通過上承式的鯉魚潭花樑橋（舊稱內社川橋），馬上又鑽入7號隧道之中。7號隧道全長1261公尺，明治40年8月31日竣工，北口有後藤新平所題的「巨靈讓工」字跡，南口則有兒玉源太郎所題的「一氣通」。一出此洞，連接的又是座長橋——大安溪花樑鐵橋，「一氣通」的題字當真十足傳神。

過了大安溪橋抵泰安站後再往南行，便會抵達8號隧道。8號隧道完成於明治40年11月29日，全長519公尺，北口有中川總督在地震後重建時所題的「大安洞」字跡，而南口亦有字體不同的「大安洞」題字。

緊接著的9號隧道，完成於明治41年的3月31日，整條縱貫線的隧道工程，就屬它最晚完工；同年4月20日，旋即全線通車。它全長1269公尺，北口有後藤新平題的「潛行不窒」字跡，南口則有佐久間總督題的「氣象雄深」匾額。一出此洞，立刻銜接大甲溪花樑鐵橋。從「潛行不窒」地鑽入山洞，到橫跨巨溪的「氣象雄深」，形容得非常恰當，令人回味無窮。

整個山線的老隧道一共有12座，在9號隧道劃下完美句點。如今我們看到的隧道口雖多是1935年地震後重建的樣貌，不過這些山洞均未改線，所以歷史可以

三號隧道北口。

電氣化後的四號隧道北口。洪致文／攝

從三號隧道南口望向四、五、六號隧道。

四號隧道南口（震災重修前）。

六號隧道南口（震災重修前）。

六號隧道南口電氣化後的樣貌。洪致文／攝

震災重修前的七號隧道北口（題有「巨靈讓工」）。

重修之後的七號隧道北口。

重修中的七號隧道北口。

震災重修中的七號隧道南口（題有「一氣通」）。

八號隧道北口震災後情形（題有「大安洞」字跡）。

重修完竣的七號隧道南口。

重修後的八號隧道北口。

電氣化後的七號隧道南口。

電氣化後的八號隧道北口。 洪致文／攝

八號隧道南口重修後樣貌（題有「大安洞」字跡）。

電氣化後的八號隧道南口。洪致文／攝

縱貫線完工時的九號隧道北口（題有「潛行不窒」
字跡）。

追溯至本世紀初。其上的題字，較之光復後建造者要
優美且有深意，但卻被人刻意破壞而字跡模糊，實在
可惜。

◈縱貫線的廢棄山洞

　　目前的縱貫線鐵路，除了台北、基隆間與山線之
外，便無其它的隧道存在了。不過在早年，各地還是
有一些小隧道散佈於各處，只不過後來改線而不再有
火車通過，除非有人特別指點，否則火車一溜煙駛過，
是很少會被注意到的。

　　像是山佳、鶯歌間的茶山隧道，便是座改線而廢
棄的山洞。它的洞口為紅磚砌拱，於明治32年（1899
年)12月開始施工，明治34年6月20日完成，是日據後
新建與改良基隆、新竹間鐵道時，僅次於竹仔嶺隧道

地震重修後的九號隧道北口。

電氣化後的九號隧道北口。洪致文／攝

的第二長山洞。

目前北口已極難辨認，不過南口十分清楚，無論是搭火車或從公路下望，都極易發現。它為單線隧道，並無題字的紀錄。

除了這座老山洞外，海線的白沙屯一～三號隧道，及崎頂站北上方向的崎頂一～二號隧道，亦都是因為曲率半徑加大，不再需要穿洞而出而被廢棄。由於它們藏於山野間，並未被毀去，所以只要火車通過時注意看，即可瞧見它們。

❖ 東部幹線的老山洞

台鐵的東部幹線由宜蘭線、北迴線與花東線所組成；不過老山洞，卻都集中在改線前的舊宜蘭線與窄軌台東線。

宜蘭線的老山洞留存的相當多，不過有題字的則只有三瓜子隧道的「至誠動天地」、三貂嶺隧道的「萬方輻湊」與草嶺隧道的「制天險」、「白雲飛處」（一說「國雲飛處」）。三瓜子隧道、三貂嶺隧道的洞口建築相當考究，連隧道附屬工程的排水口亦以相同形式精細製作。宜蘭線雙軌化後完成的新三貂嶺隧道，為了防止颱風來襲時河水暴漲，於山洞北口還設有「水門」。當第三基隆河橋橋下水位漲至樑下30公分時，必需路線封閉，關閉水門，以防牡丹地區淹水。

北迴線因為是較新完成的路線，所以沒有什麼值得欣賞的山洞建築，頂多和南迴線一般，有著較長的隧道象徵現代的工程技術。

至於窄軌台東線時代完成的掃叭隧道（舞鶴隧

地震後的九號隧道南口（題有「氣象雄深」字跡）。

九號隧道南口電氣化後情形。洪致文／攝

九號隧道南口重修後面貌。

海線上的廢棄隧道。洪致文／攝

舊宜蘭線上題有「至誠動天地」的三瓜子隧道。洪致文／攝

現今使用的三貂嶺隧道。洪致文／攝

侯硐站外的廢棄侯硐隧道。洪致文／攝

瑞芳站外的廢棄隧道。洪致文／攝

北迴線上的鼓音隧道。洪致文／攝

道），現雖已廢棄，不過卻是相當值得介紹的老山洞。

它於大正3年（1914年）開始興築，到大正5年才完成，北口有佐久間總督題的「無窮」兩字，而南口亦有安東總督題的「宏達」字跡。這座隧道一直使用到東拓完成後的二年，因為新的自強隧道無法如期完工，所以只好拿舊線來舖1067公厘的軌道給西線「大火車」跑。好在當年日本人建窄軌東線時是以西線縱貫鐵路的標準來蓋，否則台鐵還真不知道要如何才能渡過此難關呢！

◈掩體與河底隧道

台灣的鐵路隧道，在一般的情況下意思就等同於山洞；不過當然也有例外，河底隧道與防止軍隊演習砲彈會打中火車而建的「掩體」，都是特殊火車隧道的一種；不過，它們可都不能稱做山洞呢！

提到台鐵的河底隧道，一般人都立刻會想到花東線上溪口與光復兩座河底隧道。事實上，海線大甲站外亦有一小段河流在上、鐵路在下的小形河底隧道，會讓火車通過時有一短暫時間的「黑暗」。或許有人會懷疑它的「隧道身份」，不過既然當初東勢線上全長僅23.4公尺的公路涵洞都能稱做「東勢隧道」，那麼大甲站南鑽過小河的這個隧道，又有什麼理由不能稱它為河底隧道呢？

話說回來，較有規模的河底隧道應是指東部穿越茶干溪與馬太鞍溪的兩座才對。

穿越茶干溪的溪口河底隧道，位於溪口與南平站間，全長有1598公尺；在萬榮與光復間，亦有穿越馬太鞍溪的全長2356公尺光復河底隧道。它們均是東線鐵路拓寬工程中的一部分，為了克服東部河川快速淤積，而以明挖回填法興建的過河隧道。雖然它們是東拓工程中的一項，不過完成初期還是先以窄軌火車(鐵道舖成「大小通用」的四軌制)行駛，直到全線接通切換為止。

除了河底隧道外，南迴鐵路的「嘉和掩體」，亦是奇怪的「陸上人造隧道」。您若從屏鵝公路上來看它，會覺得奇怪，為何要在寬廣的平野上建個隧道把鐵路「包」在裏面？

窄軌台東線掃叭隧道北口。

掃叭隧道南口。

掃叭隧道北口佐久間總督題的「無窮」字跡。

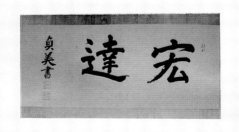

掃叭隧道南口安東總督題的「宏達」字跡。

南迴線上的嘉和掩體。洪致文／攝

金瓜石的本山五坑坑口。   阿里山林鐵的隧道。

原來這邊聽說是軍方的靶場，「砲彈是不長眼睛」的，所以為了保護火車，只好建了這個「嘉和掩體」。不過，據傳軍方在南迴鐵路通車後，即不在此打靶，而讓這座掩體無用武之地，成為稀有少見的「鐵道文化財」！

當您坐在火車裏面，這些非正統的隧道雖然「名份」上與山洞有異，不過卻同樣是鐵道之旅中的「黑暗地帶」啊！

◈輕便鐵道山洞

在台灣各地曾有的輕便鐵道當中，鹽鐵因全分佈在沿海地區，所以根本沒有山洞存在。糖鐵雖然紀錄上曾有，不過如今已多成陳跡。至於手押台車道，更只剩下已改為機械帶動的烏來台車軌道在載客運行。其終點的迴車道，是有趣的山洞結構，算是少數現役的台車道山洞。

除此之外，林鐵與礦鐵，便是最容易看見隧道的專業鐵路了。

過去台灣的三大林場鐵道：太平山（羅東林鐵）、八仙山(台中輕鐵豐原線)、阿里山，都有山洞存在的紀錄，不過如今只剩阿里山林鐵還保存原貌在運作之中。

阿里山林鐵現存的隧道，全分佈在木履寮站至二萬平站之間，洞口有圓拱形，亦有方形。較特別的山洞有獨立山站上山側的磚造10號隧道（阿里山林鐵唯一洞口還可見紅磚的山洞），洞內蝙蝠成群的14號隧道，奮起湖至多林間最長的32號隧道，37至39號的連續隧道及由平遮那大斷崖改建的49號隧道值得注意。（隧道編號以1993年調查時為主）

至於礦鐵，由於台灣礦場並非露天開採，所以一定要入坑去挖，當然就要鑽入岩洞內了。不過它們與一般的火車山洞不同，通常並未貫通，而是由同一個洞（或稱坑口）進出，一般人（尤其女性）更是無緣搭乘，畢竟這可不是觀光鐵道啊！

台灣的鐵路橋樑

曾有「鐵道王國」美譽之稱的寶島台灣鐵路橋樑的數目當然多不可數，光是種類就十分驚人。不過，鐵路橋樑都會有個共同的特徵，那即是上面至少要有兩條鋼軌；而且因為行駛火車的種類載重不同，而有不同的結構、標準。

❖木造橋

在美國的西部電影當中，您可以時常看到木造的鐵路橋樑聳立於溪谷之間。台灣早年的森林鐵路，由於林場本身就生產木材，因此橋樑有許多即是以木構築成。其中以「傘形齒輪、直立汽缸」聞名於世的阿里山森林鐵路，便有好多座美國風味極濃的木造橋。其載重的要求，至少都要能承受大型28噸級蒸汽火車的行駛，因此層層疊起的木造橋，並沒有想像中的脆弱。

目前，阿里山森林鐵路的橋樑都已改建成鋼樑或混凝土構的形式，木造橋的危險刺激風情已不復見，反倒是民國68年8月因颱風來襲吹毀路基、橋樑多處而停駛的羅東森林鐵路，在其竹林車站站外，仍留有一座橫跨小溝渠的木造橋，成為當地居民往來的便道。

其實在台灣的歷史上，早年曾相當發達的輕便鐵道手押台車系統，亦常使用木材來搭建橋樑。以此為材料的原因，當然是經費的因素(木料比較便宜嘛!)。不少橫跨大河的手押台車橋樑，諸如大料崁溪、下淡水溪……，都曾以木材來建構。不過木造橋極脆弱，往往洪水一發生就立刻被沖毀，因此其壽命往往不長。

直到1990年代中期，台糖鐵道跨過林邊溪的竹林橋，仍是木造橋的結構，而且還有火車在製糖期行駛於其上呢！或許它將是台灣最後消失的木造鐵路橋。在它功成身退之後，我們就再也無法看到火車行駛木造橋的風光。

羅東林鐵的木造橋。古仁榮／攝

早年糖鐵的木造橋。

過去手押台車軌道的木造橋。

林田山林鐵溫泉線木造橋。洪致文／攝

羅東林鐵一出竹林站的小木造橋。洪致文／攝

◈鋼樑橋

曾有一段時間，台灣大多數的橋樑都是以各種不同形式（形狀）的鋼樑組成，因此火車過橋，車輪、鋼軌、鋼樑共譜出的鋼鐵樂章聲響，往往令人回味無窮。一趟火車坐下來，回到家中睡覺時，滿腦子仍是這種聲音迴盪不已。

清朝劉銘傳興建台灣鐵路之時，橫跨基隆河的半圓弧型鋼樑鐵橋，即是座很漂亮的橋樑。後來續築至新竹的一段，沿線也有鳳山溪、紅毛田溪幾座鋼樑橋。或許很少有人知道，清代建鐵路時的幾座鐵橋鋼樑，一直到光復後都還健在，只可惜當時文化資產保存觀念尚未建立，而無法好好留存下來。

日據初期，日本人興建淡水線的目的乃是資材搬運，所以一切能節省的都儘量節省。士林、圓山間的基隆川橋便是在這樣的考量下，以舊線的紅毛田溪、鳳山溪橋鋼樑改修後裝上，頗有「前清之遺風」！

這座基隆川橋的建設，從明治33年（西元1900年）9月11日開工，隔年的7月25日完成，是淡水線全線最長、工程費最高的一座橋樑。它從圓山站端起，有二孔15公尺的上承鋼樑、一孔32公尺的鋼桁樑、一孔45公尺及一孔36公尺的花樑，形式種類之多，大概只有糖鐵斗南線的虎尾溪橋可與之相比。

舊的基隆川橋因該處水深6公尺，橋墩及橋台經過多年水流沖刷，已有傾斜沈陷現象；圓山堤防興建後，兩端路基又需加高2.4公尺，因此舊橋勢必改建。於是，台鐵決定在舊橋下游12公尺處興建新橋。此新的基隆河橋有八孔22.3公尺的下承鋼樑，與舊橋近乎平行。新橋在民國55年12月31日竣工，舊橋的拆除工程則在同

被洪水沖毀的鳳山溪橋鋼樑。
現已拆除的新店溪鋼樑橋。洪致文／攝

日據初年完成的淡水線基隆川橋。洪致文／藏

年的12月28日開工，隔年的3月15日完成。淡水線上殘存的「前清遺老」，終於在此際走入歷史。當時的台鐵員工，如果有人知道這老鋼樑是清代遺物，而能把它移置於博物館中那該多好，畢竟清代興築台灣鐵路的遺跡本就不多，這樣草率地拆了解體多麼可惜！

其實鐵路橋樑的保存，鋼樑橋是最容易的。因為如果不能現地保留，拆下來放在博物館內，或易地重建都極為方便，日本明治村內就有極佳的保存範例可供參考。窄軌台東線由花蓮站（舊站）往南濱的支線路上，也曾放置過一節上面附有「汽車會社明治45年製造」銘板的上桁鋼樑。明治45年是明治時代的最後一年，也就是大正元年（1912年），該段鋼樑可說是台東線建設初期就有的產物，台鐵絲毫不重視文物的保存，民國81年時筆者尚曾見其銹痕斑斑地丟棄在路邊，

如今大概已被清入「歷史的垃圾桶」中，十分可惜。

西元1908年縱貫鐵路完工之時，受限於當時的工程技術，因此主要的河道行經處都是以大跨距鋼樑來橫越，以減少橋墩的數目，而這也造成了每一座橋往往就有兩種以上不同的鋼樑，形狀多變。

台鐵現存的花樑鐵橋其實已經不多，只有縱貫線八堵、基隆間的基隆河橋、山線的鯉魚潭橋、大安溪橋、大甲橋，以及已停用的高屏溪舊橋。山線的鯉魚潭橋舊名內社川橋，位於山線的6號、7號隧道之間，縱貫線完工時共有橋墩八座一共九孔。其層層縮小彷彿積木堆疊的外貌極有特色，不過1935年的新竹、台中州大地震將其震得橋墩位移，不得不拆除重建。如今看得到的上承式花樑，即是重建後的樣貌。

縱貫線八堵、基隆間的基隆河橋，最引人注目的

被台鐵廢棄的1912年造窄軌台東線鋼樑。
洪致文／攝

地震後重修內社川橋時，新舊橋並存的情景。

舊名內社川橋的鯉魚潭橋今貌。洪致文／攝

即是那一孔雙軌的花樑，其上下行線間的便道，還常有當地居民在行走。這座橋與大安溪、大甲溪、舊高屏溪橋一樣，都在民國50年代有翻修改建的紀錄。

大安溪橋的北端緊鄰7號隧道（其上題有「大安洞」），明治36年（1903年）5月4日開工，直到明治41年2月14日才完成，一共有花樑八孔。其間河床平均深為5公尺，是縱貫線建設時的一大瓶頸。昭和10年（1935年）新竹、台中州大地震時，它是被震毀的山線最南一座大橋，於是在復興工程中予以重建，據信今天大安溪橋有花樑十孔，與原數目不同即為此原因。它在民國51年春曾被改建過（抽換花樑），後來因山線雙軌化要改新線，所以一直未再被拆除重建，而意外留存至今。

與大安溪橋可視為姐妹作的，則是大甲溪鐵橋。大甲溪橋北端緊鄰9號隧道，南口上方題有「氣象雄深」匾額，是佐久間總督之題字。這座橋僅有六孔，明治39年（1906年）11月開工，明治41年4月10日才竣工，

是整條縱貫鐵道最後完成的一座橋樑。

光復後民國53年，台鐵繼大安溪橋後也將大甲溪橋改建，運用美援鋼料，由鋼樑廠自製「華倫式」（Worren Truss）鉚結下承鋼桁花樑六孔，裝於舊橋墩之上。這六孔花樑與大安溪橋的形式一樣，每孔全長63.19公尺，高11.3公尺，淨重便有162.05公噸，可見抽換時之困難。

台鐵的鋼樑廠事先精心製造了這批大甲溪橋的花樑，等到民國53年春的枯水期，才大費周章地開始抽換工程。由於大甲溪橋的平均河道深度約11公尺，第一、三、六孔又滿佈水道，因此工程較之大安溪橋更為艱鉅。台鐵為此成立「橋工隊」負責鋼樑的抽換事宜，並且由台中工務段於橋之上下游各建運料便線一條；下游便線做為運入新樑及料具之用，而上游便線則當做運出解體之舊樑的路線，整個工程在民國53年5月11日完成，讓大甲溪橋的壽命又延長了不少。

除了上述幾座花樑橋外，高屏溪上舊稱下淡水溪

八堵站外的基隆河橋。洪致文／攝

地震後重修完成的大安溪橋。

大安溪橋今貌。洪致文／攝

大甲溪橋上台鐵鋼樑廠的製
造銘板（民國53年4月製造）。
洪致文／攝

大甲溪橋外貌。洪致文／攝

的高屏舊橋，亦是寶島民眾印象極為深刻的鐵橋，甚至還有「家鄉玄關」的集體記憶情份存於當地人心中。這座橋全長1,526公尺，曾是全台灣最長的鐵路橋樑，完成於大正3年（1914年）。由於它的完工，西部縱貫線才能繼續南下連通至屏東。

它目前的鋼樑，同樣已非當年完工時的產物，其上的銘板寫著「台灣鐵路局鋼樑廠製造」，並註明年代為民國53年，不過橋墩的形態仍十分老舊，當年的改建只抽換銹蝕的鋼樑而已，整座橋依然不失古典氣息。

新的高屏雙線大橋在民國76年4月竣工，6月17日切換單線，22日雙線全部切換，舊高屏溪橋正式功成身退。不過它並未被拆除，因為地方政府及民間都十分認同它「家鄉玄關」的地位，所以雖然財政困難無法好好維修規劃，仍決定先保留下來再說。其實這麼重要的古老橋樑，再配合其旁九曲堂站內，紀念因興建此橋積勞成疾而死的飯田技師紀念碑，都不能被官方列入文化資產當中，那麼我們又如何能奢談鐵道文化的保存？

高屏溪橋。

高雄臨港線上的成功橋。洪致文／攝

台鐵現存的鋼樑鐵橋還有些與眾不同特色的，還有高雄臨港線最下游的愛河橋及新竹飛機場線與境福街的立體交叉陸橋。

　　高雄市內的鐵道一共有三座愛河橋，最下游的愛河橋又稱做「成功橋」，於民國44年11月完成，共有每孔約22公尺的下承鋼樑三段，全長67.48公尺，距離港口十分近。其兩側高約1公尺餘的鋼牆面，正好遮住了火車的下半部；火車駛過之時，如果正好為平車上面載著汽車，那即會形成非常有趣的畫面——好似一輛

輛的汽車放在輸送帶上等距離前進！

　　除了這座橋，新竹飛機場線在與境福街的立體交叉(鐵路在上，公路在下)，也有兩段平板鋼樑形態十分古舊。雖然它只有薄薄、短短的一段，但上面卻意外留有一塊寫著汽車會社昭和9年製造的銘板，是台灣如今仍在使用的鋼樑橋中，少數依舊是日本時代產物的珍品。

　　寶島台灣的鐵路不只台鐵一家而已，所以火車走的鋼樑橋就不是只有台鐵才能擁有的專利。

新竹飛機線上的平板鋼樑。洪致文／攝

內灣線上坪溪橋。洪致文／攝

山線造橋附近的一座下承式鋼樑跨線橋。
洪致文／攝

內灣線油羅溪橋。洪致文／攝

糖鐵斗南線上的虎尾溪橋。洪致文／攝
糖鐵的舊濁水溪橋。洪致文／攝

林鐵牛稠溪橋。洪致文／攝

窄軌台東線馬太鞍溪鐵公路併用橋。

糖鐵斗南線上的虎尾溪橋，是五分仔車走過的鐵橋當中，最有變化、形態最優美的一座。從虎尾糖廠同心園旁駛入虎尾溪橋的斗南線，是台鐵、糖鐵火車都可行走的三軌併用區間，因此這座橋上也常可看見台鐵貨車駛過，不單只有五分仔車通行而已。

從同心園處起算，第一段的花樑最是漂亮，其長寬的比例較為扁平，與台鐵山線大安溪、大甲溪的瘦高型較不同。接著幾段的下承式鋼樑樣式各異，充滿了交叉線條的幾何圖形趣味。其旁雖曾建有人行步道，不過後來已殘破得像是危橋，台糖不得不在花樑柱上寫著「行車安全第一，禁止行人通行」的標語。

阿里山森林鐵路的橋中，竹崎站外的牛稠溪橋亦是台灣鐵道的名橋之一，不少外國鐵道迷都會至此獵取登山小火車的倩影。它那長短不一的鋼樑，橋墩種類各異的「缺陷美」，使它常上外國的鐵道雜誌、書籍，這或許是它就位在竹崎站外，交通很方便之故。

如今全台灣僅存的鐵路鋼樑橋已不多，其中花樑更少，而以下承式鋼樑為多。不少原為鋼樑的橋也在難維修的考量下，改成鋼筋混凝土板樑，使得台灣的鐵橋風情逐漸消失。

◇ 鐵公路併用橋

在早年物資缺乏的時代，建造一座橋肯定是地方上的一件大事，如果這座橋還能發揮最大功能——能有更多樣化的使用方式，那麼就再好也不過。「鐵公路併用橋」，便是在這樣的考量下所出現的產物。

台鐵西線的鐵公路併用橋，以海線的橋樑居多，

下大安溪及下大甲溪橋便曾是橋面又舖柏油可行汽車，又架鐵軌可行火車的鋼樑橋。而下後龍溪橋及宜蘭線的蘭陽溪橋，則是與公路共用橋墩，但不併用路面的「非正宗」鐵公路併用橋。

而曾是窄軌輕便鐵道系統的台東線，當年也有好幾座鐵公路併用橋。它們完成於民國40年代中期，與花東公路共構。像是316.54公尺長的馬太鞍溪橋、543.79公尺長的清水溪橋、234.66公尺長的新武呂溪橋，便是其中的代表。它們與西線併用橋最大的差異是鐵軌設於橋的中間，兩側的「道路」剛好適合兩個車輪駛於其上。如果台東線的軌距不是762公厘的窄軌系統，恐怕汽車的底盤就要夠寬才不會掉入鐵軌縫中。而它也因為橋面十分窄，所以汽車、火車過橋是不能擠在一起。連汽車的行進方向也要有所管制，以防「塞車」。因此維持這麼多種車在橋上運行，著實要耗費許多的調度人力；兩端橋頭也都要有平交道、看柵工守護才行。難怪這種「克難橋」的壽命會不長，只要經費一許可，公路一定馬上搶著分家建新橋，禮讓舊的鐵公路併用橋專給火車跑。

不過，西部糖鐵的鐵公路併用橋，因為橋面較寬且多配線於一側，因此對汽車的影響較小，存在的時間也較久。其中最著名的一座當屬西螺大橋了。

西螺大橋橫跨於濁水溪兩岸，係利用美援鋼料建成，如今橋面仍留有「中美合作」的痕跡。西螺大橋的建設其實早在日據時代便已開始，但因缺乏資材所以延宕至光復後依靠美援才完成。糖鐵在民國39年時，

窄軌台東線清水溪鐵公路併用橋。

窄軌台東線新武呂溪鐵公路併用橋北端引道。

魚籐坪橋完工時的外觀。

1935年被地震震毀的魚籐坪橋。

為因應戰備的需要，而有興建「南北平行預備線」的計劃，希望將西線各糖廠原有的輻散狀網路鐵道，相互連接南北連貫，以做為戰時縱貫線若被轟炸而中斷，可做為物資運輸的預備線。這項串連的工程，最後完工的便是跨過濁水溪的西螺大橋一段。它從溪州糖廠水尾線終點起，連接虎尾糖廠的西螺車站，全長4公里，讓糖鐵的火車能一路由台中南下至屏東。西螺大橋通車時，糖鐵的汽油客車，還載著來賓駛於其上呢！

這段南北線的工程，大致上在民國41年8月都已完工，但西螺大橋的架線直到該年底才完成，所以南北線的全通運轉係於民國42年才開始。如今，您若搭乘國內線的民航機，仍能在航道下清楚看見如一條紅龍般的西螺大橋跨於寬廣河床上，不過其橋面鐵道卻被認為「有礙公路交通安全」，所以在民國68年秋適遇橋面整修，便決定撤除，使得濁水溪以北的糖鐵再也無法渡河南下。

糖鐵除了這座鐵公路併用橋外，其實還有幾座，像是高屏大橋、西港大橋……亦是其中之一。不過其形態，卻始終沒有西螺大橋的花樑那般迷人、令人印象深刻。

◈磚拱鐵路橋

在外國常常可見聳立於田野之上的磚拱鐵路橋，不過在台灣卻極為少見，尤其是全為磚拱築成的幾乎沒有。

台灣的磚拱鐵路橋，大多僅出現於橋樑過河前連接路基的引道上，最著名的作品即為鳳山溪橋與被地震震毀的魚藤坪橋。如今僅殘存磚拱橋墩遺跡的魚藤坪斷橋，位於山線勝興、泰安之間，是台灣鐵路橋樑的藝術代表作。它從北端起算，有接連四孔的磚拱橋基，然後連著一小段的上承式鋼樑，再架一座跨距極大橫越魚藤坪溪的上承式花樑；跨過河道後再接一小段上承式鋼樑、二孔磚拱橋基，才與陸地相連。它從明治39年（1906年）4月30日開工，明治40年6月1日便完成，比大安溪、內社川……等橋要簡單一些。

然而，這座漂亮的火車橋樑在1935年的大地震中被震毀，雖然並未全垮，但為了安全顧慮還是決定在下游重建，並把歪斜的鋼樑、快掉落的磚結構給拆除。可是當時的鐵道部或許是為了留給後人注意防震災害的警惕，因此磚拱遺跡並未全拆，至今仍可見其矗立新線之旁。

魚藤坪橋如今僅存的磚拱遺跡。洪致文／攝

鳳山溪橋舊橋北端（相片中左邊），亦有二孔磚拱
結構。

南迴線上的水泥橋。洪致文／攝

北迴線上的水泥橋。洪致文／攝

　　殘存的磚造橋墩一共有南端4座、北端6座，不過以北端的較醒目，已成為三義地區的一大名勝。地方人士也曾極力促成將它列為古蹟或文化資產永久保存，惟至今尚未有結果。不過，山線雙軌化完工後，這段舊線將功成身退。它若能交由地方或台鐵自行開發為觀光鐵路，勢必成為文化資產保存上的一個「活」教材，且讓我們拭目以待。

　　除了魚藤坪斷橋，台鐵的鳳山溪橋舊橋，亦留下了二孔磚拱遺跡。該橋於明治33年（1900年）10月10日開工，明治35年4月20日完成，由北端起有磚拱二孔，大型上承式花樑二孔，小型上承式花樑六孔；民國47年7月改建時，保留了磚拱部分，但接著的橋身改為22.34公尺長的上承式鋼樑四孔，25.35公尺的六孔（此為西主線），直到民國75年到80年間台鐵的「老舊橋樑重建工程」，在其下游建造新橋，它才功成身退徒留遺跡讓人追憶。

　　現今，台灣的鐵道橋樑多已改為混凝土造。台鐵大多數的橋都是使用預力樑來組成，林鐵、礦鐵、糖鐵則沒有這麼講究，多是使用混凝土樑，甚至拿著舊鋼樑糊一層水泥就上陣了。

　　這些橋的外觀極無特色，與過去鋼樑橋的「豐富表情」差異很大。雖然說理論上耐用年限較長，但有些施工、設計品質不佳，居然已有部分要重建或改建，令人難以相信。也許，以前的營造科技較落後，但人的用心態度卻完全彌補了這些不足；現代人空有技術，卻偷工減料造出一些既不美觀又不耐用的橋，才是最值得我們深思的。

1908年縱貫線全通時的各橋樑側面圖 (取自「台灣鐵道史」)

大料崁溪橋樑

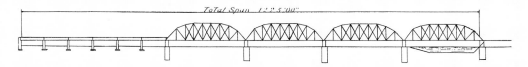

鳳山溪橋樑

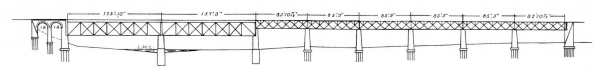

魚籘坪橋樑

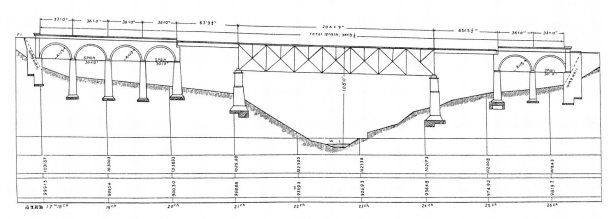

內社川橋樑

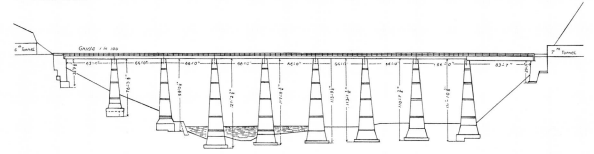

大安溪橋樑

大甲溪橋樑

大肚溪橋樑

曾文溪橋樑

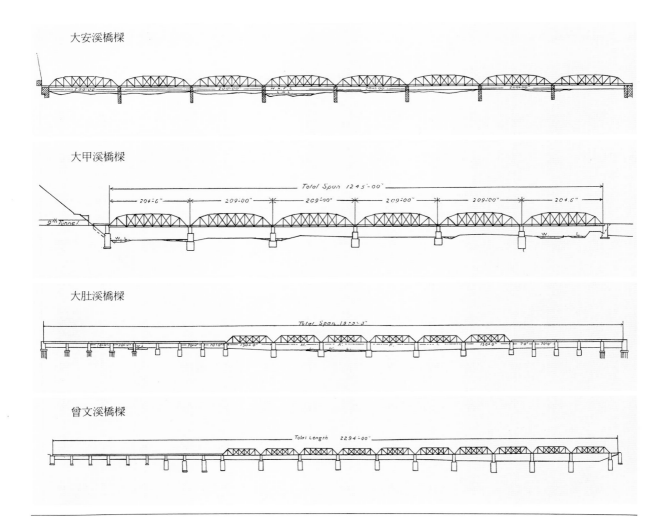

參 考 文 獻

中文部份：

《叢書》

一九八九鐵路情事，1990.6，交大鐵道研究會。

中國鐵路創建百年史，1981.6，台灣鐵路管理局。

中國鐵路創建百年紀念文集，1981.6，台灣鐵路管理局。

台灣火車的故事，1993.5，洪致文著，時報文化。

台灣近代建築，1980.12，李乾朗著，雄獅。

台灣近代建築之風格，1992.9，李乾朗著，室內雜誌。

台灣鑛業史，1966，台灣鑛業史編纂委員會編，台灣區煤鑛同業公會。

台灣鐵道傳奇，1992.10，洪致文著，時報文化。

台灣鐵路百週年紀念，1987.6，台灣鐵路管理局。

台灣糖業前期發展史，1991.7，台灣糖業公司。

光復前台灣之工業化，1980.5，張宗漢著，聯經。

阿里山森林鐵路紀行，1994.3，洪致文著，時報文化。

客貨車概要，1988.7，林坤旺編著，鐵路文化工作委員會第廿二分會。

柴油電力機車淺說，1988.12，楊孟晉編著，鐵路文化工作委員會第廿二分會。

專用側線及站外側線名稱表，1986.8，台灣鐵路管理局。

悲情車站228，1993.2，張炎憲、胡慧玲、高淑媛採訪記錄，自立。

電力機車電車組構造與作用，1990.3，宋鴻康編著，鐵路文化工作委員會第廿二分會。

電力鐵路，1973.1，陳德年編著，中國電機工程學會。

獅球嶺清代鐵路隧道調查研究，1991.4，李乾朗著。

鐵路號誌圖解，1991.2，林保火編著，鐵路文化工作委員會第廿二分會。

鐵路運轉規章彙編，1988.12，徐建輔編著，鐵路文化工作委員會第廿二分會。

《期刊》

台糖通訊

台鐵公報

台鐵資料

台鐵通訊

台灣鐵路

台灣鐵路年鑑
台灣鐵路旅客列車時刻表
台灣鐵路統計年報
客貨列車時刻表
鐵路郵刊
鐵道情報

日文部份：
　　《叢書》
JR全車輛 Handbook 1995，1995.8，Neko Publishing。
キハ58と仲間たち，1995.4，Neko Publishing。
日本の內燃車輛，1969.7，日本の內燃車輛編さん委員會著，鐵道圖書刊行會。
日本の蒸氣機關車，1994.1，Neko Publishing。
台北市樺山尋常小學校第二十五回卒業紀念寫真帖，1937.3。
台北機關庫乘務員會五週年紀念，1924.8。
台灣，1927.11，武內貞義著，新高堂書店。
台灣治績志，1937.2，井出季和太編，日日新報社。
台灣鐵道の概況，1931.11，台灣總督府。
台灣鐵道史，1910，台灣總督府交通局鐵道部。
台灣鐵路千公里，1980.12，宮脇俊三著，角川書店。
回想の旅客車，1985.12，星晃著，交友社。
汽車の窗から，1938.5，台灣總督府交通局鐵道部。
阿里山森林鐵路，1985，松本謙一編，Presse Eisenbahn。
帝國鐵道年鑑昭和三年版，1993.2，帝國鐵道協會編，アテネ書房複刻出版。
昭和拾年台灣鐵道震災誌，1939，台灣總督府交通局鐵道部台中震災復興事務所。
新竹、台中兩州烈震報告，1935.6，中央氣象台。
關東鐵道，1985.9，飯島巖、森本富久、諸河久著，保育社。
機關車の系譜圖，1972～1978，臼井茂信著，交友社。
鐵道青年，1993.6，小林隆則著，鐵道青年社。
鐵道讚歌，1971.2，交友社。

　　　《期刊》
台灣民報
台灣新民報
台灣總督府交通局鐵道部年報
台灣總督府鐵道部年報
台灣鐵道要覽

参考文献

鐵道要覽
鐵道ピクトリアル
鐵道ファン
鐵道ジャーナル
鐵道ダイヤ情報
Rail Magazine
RM Models

謝　　誌

　　有一次，我和媽媽帶致文去新竹玩，想他生平第一次坐火車，大概會安靜點，誰知一點也不然。他首先發現車上的杯子有大同商標（其實是台鐵的標誌），笑得好開心。接著要玩蓋子，這怎行？吵著要穿鞋子，無奈讓他下去，這下糟了，在走道上走來走去，拉也拉不住。怕他摔倒，他卻不會。隨著車子搖來搖去，全車的人都在看他，害得我和媽媽輪流追趕，真不好意思！後來，看到一個五、六歲小女孩，就叫人家姊姊，兩人玩了一會兒，稍為安靜點。我一次學乖了，心想暫時不敢再帶他坐火車了。

　　——致文的媽媽林洋惠女士，寫於洪致文一歲半之時

　　我媽媽常常說，我們家是個喜歡「留垃圾」的奇怪家庭，所以常有一些老東西陰錯陽差地留著，幾年後也會有「寶藏出土」的快感。當有一天，我媽媽拿著兩張泛黃的「大同工學院考試試卷」給我看時，我真的嚇了一跳，這是一篇題名「我家的小淘氣」，寫於考試卷紙上的文章草稿。我真的無法相信，在二十幾年後的今天，我竟然還找得到我第一次坐火車的「文字紀錄」！真的感謝我媽媽給我的第一次「火車之旅」——雖然她當時說，暫時不敢再帶我坐火車了。

　　其實，我稍微長大了之後，都是爸爸帶我去火車站「看火車」的。我們的足跡踏遍各地，但台北車站、淡水線以及中華路，是給我最深鐵道印象的地方。

　　在鐵道研究的路途上，家人給我的支持是最大的幫助。我的幾位伯父洪祖仁、洪祖恩、洪祖培先生，都留下了許多「關鍵性」的鐵道記錄。我的阿公洪長庚博士，更令我難以想像地留有早年珍貴的鐵道寫真。我想他半個多世紀前拍這些照片時，根本想不到會有個孫子，拿這些相片來寫成書吧！

　　這本書的文章花了我五年多的時間來構思、撰寫，心想當初如果沒有中國時報文化新聞中心副主任湯碧雲小姐的帶領，我是個根本不可能提筆寫作的人。所以對於此書的完成，還是得先感謝她的支持以及鼓勵。當然，中國時報寶島版的同仁對我文章的「容忍」，亦是我很感謝的。

　　不過，這本書得以問世，南天書局魏德文先生的大力支持更是關鍵。我們醞釀此書的期間長達三年多，內文的校對就多達六次；在圖片方面，他更熱心地提供許多珍藏的寫真帖、明信片、地圖……，使得本書有豐富的內容。在慢工細活的製作過程中，南天書局編輯人員所付出的心力亦令人敬佩。

　　至於這幾年來，陪著我到處坐火車、拍火車的「鐵道死黨」，第一個要感謝的就是鄭銘彰友。我們從「在山線躲衛兵拍開天隧道」開始，不知一起環島多少次，1996年夏更是瘋狂地到日本花了近八千圓日幣，租了計程車去信越本線橫川、輕井澤段，拍那座像極了台灣舊魚藤坪橋的廢棄紅磚橋。瘋狂的舉動，從台灣直殺到日本。

　　我另一個好友長濱昭彥，他根本就可以假裝是個台灣人。他常來台灣拍火車，我也樂意陪著他去，因此常常意外地有豐富的收獲。不管在台灣或日本，我們拍火車的「觀念相同、看法一致」，所以相約去拍舊型客車、國鐵形車輛時，毫無衝突且玩得盡興。另一博學多聞的高橋晴路先生，則被我們尊為「鐵道博士」。他提供的資料廣泛且豐富，幾乎是每問必答。

　　在本書豐富的圖片收集方面，古仁榮先生的協助自然是居功厥偉；日台鐵路愛好會會長石川一造先生的攝影記錄，不管在日本或台灣，都是解開許多鐵道車輛歷史謎團的關鍵。石川浩稔、石川知明兩兄弟的糖鐵記錄、伊藤一巳先生的礦鐵攝影，杉行夫、森崇

兩位先生的珍貴寫真，也都使本書增色不少。

此外，童振疆在鐵道車輛考證上的幫助，蕭輝煌先生在台鐵機務處長任內熱心提供舊型車輛形式圖，黃威勝在暗房、沖印設備方面的支援，黃智偉在日據時代史料及礦鐵路線上的協助……，都是本書得以完成的功臣。

當然，朱聖隆友一家人的幫忙、賴德湘的鐵道攝影、林政廷「行動派」的追車技術、許乃懿醫師的糖鐵指導，還有蘇敦正、張福堂、楊肇庭、杜怡和、李宏鳴、黃尹春、邱國煌、佐藤雅彥、張定祺、林錫宏、丁榮生、趙建修、張新裕、土井英明、蔡宜儒、張志宏、謝明勳、鄭萬經、徐興發、鄧家琦、李純慧、傅鏡平、劉佳明……等諸位，不管在生活上或鐵道研究路途上，都給我極大的幫忙，均是我衷心感謝的。

最後，我還是要謝謝那些與我們共渡美好歲月的台灣老火車。雖然我知道在時代的進步，以及台鐵那一大批毫無美感的新車引進之後，你們都將被台鐵終結而消失，但我永遠會記得與你們共有的青春歲月。在台鐵線上充滿了通勤電車與推拉式自強號，連輕便鐵道也一一停駛拆除之後，這舊時代的一切，都將成為令人懷念的台灣鐵道印象。但是，我會永遠懷念你們的。

本書完成・特別感謝

台鐵・林務局・台糖・台肥・台電・台泥・中鋼・中油・鐵道文化協會・日台鐵路愛好會・台鐵會・台大火車社・交大鐵道研究會・台灣綜合研究院・吳三連台灣史料基金會・台北縣立文化中心・新竹市立文化中心・國家圖書館・中央圖書館台灣分館・台灣大學研究生圖書館・台灣大學大氣科學系圖書館・台灣大學工學院圖書館

後　記

　　這本《台灣鐵道印象》的書，可以說是我花最多時間的一本著作。在整個製作的過程中，最令我感慨的莫過於「寫作的速度竟比不上鐵道文化被毀的速度」。

　　基本上，這本書的完稿時間是在一九九六年的年初。所有的內容，是以這個舊時代台灣鐵道終結點來記述。對於一九九七、一九九八台灣鐵道的大改變，就不是本書所要探討的，也不是您在書中所能看到的。這些諸如推拉式新自強號的新風貌，自有鐵道先進會在未來加以記述，而且我亦深信以台灣鐵道趣味的蓬勃發展，從今而後的鐵道歷史，是很難成為空白的。

　　然而，台灣的文化保存工作成果，令人沮喪的還是多過令人欣喜的。雖然台鐵宣佈要重修蒸汽火車，並使之復活行駛，但保存在花蓮的舊窄軌車輛遭火焚、新平溪礦的「獨眼小僧」終於廢棄、鹽場停駛拆除、糖廠一一關閉鐵道停用、舊山線功成身退、「小叮噹」退休……。我所熟悉的火車與鐵道，竟在短短的時間內消失。

　　我懷著失落的心情，前往美國繼續我的另一個興趣——氣象，很意外的竟在異鄉的土地上重拾到享受鐵道趣味的樂趣。我很歡喜地追逐著Chicago & North Western這家鐵路公司的鐵道，並加入他們的鐵道歷史研究會，高興地與這條全美少數靠左走的鐵道為伍，研究著發生在這家鐵路公司路線上，我們小學課本裏曾提到的小女孩在暴風雨裏救了一列快車的故事……。我猛然發現，只要體內流著喜愛火車的血液，總是有機會能夠找到與你有緣的鐵道。

C&NW的SD40-2從Ames，IA要駛進Jewell支線。洪致文／攝

　　這幾年，台灣鐵道趣味界的蓬勃發展，使得鐵道研究成為百家爭鳴的榮景。在這樣的環境之下，各種不同切入角度的多方關照，其實是最值得珍惜的。我一直不認為，唯有技術本位才是鐵道研究的唯一方向。因為世界上有太多每天與火車為伍，充分了解火車性能、甚至運輸理論的人，一點都不愛火車！如果我們的社會，對鐵道與火車多一些文化關懷，鐵道趣味的發展就不會那麼狹窄，也不會硬得旁人不敢去碰。

　　同樣的道理，這本「台灣鐵道印象」的書，是筆者這些年來與台灣火車為伍所得的印象。相信有不少的讀者會有不同的回憶，我只能說，這是我的台灣鐵道印象。我珍惜它，並且期待分享與你。

　　只要您有興趣，就讓我們一起走入台灣的鐵道王國，一道分享我們曾共有的台灣鐵道印象！

洪　致　文
1998年1月1日

國家圖書館出版品預行編目資料

臺灣鐵道印象／洪致文著. --初版. -- 臺北市：
南天，民87
冊； 公分. --（南天影像；1）
參考書目：面
ISBN 957-638-461-3（上冊：精裝）.
-- ISBN 957-638-462-1（上冊：平裝）.
-- ISBN 957-638-463-X（下冊：精裝）.
-- ISBN 957-638-464-8（下冊：平裝）.

1. 鐵路 — 臺灣 — 歷史

557.259   87000198

南天影像系列 ①
臺灣鐵道印象（下冊）　　精裝720元；平裝600元

出　　版　民國八十七年五月初版一刷發行
著　　者　洪　致　文
發 行 人　魏　德　文
發 行 所　南天書局有限公司
　　　　　台北市羅斯福路3段283巷14弄14號
　　　　　☎(886-2) 2362-0190　Fax: (886-2) 2362-3834
　　　　　郵政劃撥帳號01080538號
登 記 號　局版台業字第1436號
原色製版　名亮彩色製版有限公司
　　　　　板橋市中山路2段400號2樓
　　　　　☎(02) 2952-5477
原色印刷　皇甫彩藝印刷有限公司
　　　　　台北市長泰街297巷14號
　　　　　☎(02) 2303-5871

永準書局
　愛書人共同的記憶
2364-5726・2752-9573
FAX:2364-5728台北市
師大路浦城街一號(師大側門)

鳳山駅 13.12.18

14.2.8
屏東駅

14.2.21
潮州駅

溪州駅 13.12.18

瑞芳駅
8.3.18

蘇澳庄駅
8.10.22

7.3.15
礁溪駅

7.10.27
宜蘭駅

工山駅
8.3.18

9.6.13
新北投

7.6.25
淡水駅

臺灣鐵道貫通全通紀念
工
臺中小圈
41-10-24